I0464849

El

Pequeño Libro Negro

～ de ～

Gestión de
Recursos Humanos

Barry Wolfe

Copyright © The Expressive Press, 2019. Todos los derechos reservados. Ninguna parte de este libro puede ser reproducida o transmitida de ninguna forma ni por ningún medio, ya sea electrónico o mecánico, incluyendo fotocopiado, grabación o por cualquier sistema de almacenamiento y recuperación de información, sin el permiso por escrito del editor.
The Expressive Press
www.TheExpressivePress.com

ISBN-13: 978-1530449279

Libros de The Expressive Press
- Por Pete Geissler
    - The Little Black Book for Entrepreneurs
    - The Power of Writing Well
    - The Power of Being Articulate
    - The Power of Ethics with Bill O'Rourke
    - The Power of Dignity
    - Divorce can be Such Sweet Sorrow
    - An Accidental Life
    - Hugging A Cloud
    - Bigshots' Bull*!@#

Wolfe, Barry
El Pequeño Libro Negro de la Gestión de Recursos Humanos

Dedicado a mi padre

Richard Wolfe
Mi primer y mejor profesor sobre negocios, liderazgo y
humanidad en recursos humanos.

Tabla de Contenido

Introducción

Estoy seguro de que se habrá dado cuenta de que este libro no se llama *La Guía Completa de Todo lo Que Necesita Saber Para Tener Éxito en Los Recursos Humanos*, o *Las Cosas Esenciales Que Necesita Saber Sobre Los Recursos Humanos*. No aborda todos los aspectos de la profesión por igual. De hecho, no aborda varios aspectos en absoluto. No contiene gran parte de la información crítica necesaria para realizar ningún trabajo en Recursos Humanos, como el que aprendería en un libro de texto o en un aula universitaria. Ciertamente, no es de extrañar la *necesidad* de **tomar la iniciativa** de **transformar su organización**, ¡o de llenar sus días de trabajo con *PASIÓN* para *ayudar a sus empleados a ser los MEJORES QUE PUEDAN SER*! Las listas de los editores de negocios están llenas de esos libros, y algunos de ellos realmente vale la pena leerlos.

Entonces, ¿de qué trata este libro? Se trata de las cosas que aprende cuando trabaja para un jefe que juraría salió de una caricatura de Dilbert; funciona en un negocio cuyo desempeño sube y baja como un carro de payasos fuera de control; cuando enfrenta problemas legales o éticos que necesitan la sabiduría de Salomón para resolverlos mientras se agitan sus entrañas durante la noche; cuando se ha sentado en el estrado frente a un Perry Mason de tercera categoría.

Se trata de lo que aprende cuando se ha restringido para poner ahorros medibles de seis cifras en el balance de la empresa; o cuando una empleada ruega por su trabajo con lágrimas en los ojos mientras le miente a la cara, o cuando se enfrenta a un empleado que estaba buscando cualquier posibilidad de poder demandar a su organización; o tal vez cuando haya tratado con el empleado que le dijo a su supervisor que se va a disparar.

Como la mayoría de los demás, cada vez que he resuelto un problema de RR. HH., o he hecho uno por mi cuenta, aprendía algo que guardaba en mi bolsillo trasero, para sacarlo según fuera necesario cuando aparecía algo similar. Algunas personas llaman a esto su bolsa de trucos o de sabiduría. Siempre lo he pensado como mi pequeño libro guía.

Prácticamente cualquiera con 15 o más años de experiencia podría haber escrito este libro, y seguramente algunos lo habrían hecho mejor. Supongo que lo pensé primero. No puedo hacer mucho al respecto, pero espero que echar un vistazo a mi pequeño libro negro de Recursos Humanos le ahorre a usted, querido lector, unas cuantas penurias en su carrera de RR. HH., o le quite un poco de su curva de aprendizaje.

Así Que Está en Recursos Humanos...

Dígale a alguien que trabaja en recursos humanos, y la respuesta suele ser una expresión de simpatía. "Wow, hombre", dirá la gente con una media sonrisa y un sutil *debe apestar ser tú*. "¡Debes tener el peor trabajo en la empresa!"

Qué equivocados están. He sido un líder de recursos humanos durante más de 20 años, y todavía encuentro mucho por amar en esta línea de trabajo. Para empezar, la variedad de responsabilidades es sorprendentemente amplia. En un minuto usted está haciendo comparaciones de cotizaciones línea por línea para renovar los beneficios, y al siguiente, le está dando instrucciones a un gerente sobre cómo abordar un problema de desempeño en su área de una manera justa, coherente con el precedente y sin exponer a la empresa a acciones legales.

Luego, después del almuerzo, se reunirá con el Presidente de la compañía para hablar sobre las habilidades clave que necesitará la empresa para respaldar su plan de crecimiento y cómo las adquirirá. En el camino a casa esa noche, apagará la radio e indagará su propuesta incipiente para reestructurar el trabajo en un área para desarrollar grupos de trabajo interdisciplinarios reales.

Ese es un día muy bueno, y existe una posibilidad mayor de que el próximo no se vea igual. Cuando usted es un líder de recursos humanos, es un barajador de papel, un amo de los números, un animador, un ético, un juez, un abogado subalterno, un decano de disciplina, un padre confesor, un visionario, un confidente y un agitador.

Pero, sobre todo, un buen líder de recursos humanos es un socio de negocios. Si entró en este campo porque quiere defender al pequeño individuo contra las fuerzas insensatas de la administración impersonal y arbitraria, perdió su vocación, y debería renunciar y ser un organizador comunitario. De manera similar, puede satisfacer las expectativas de muchas empresas de un líder de Recursos Humanos al barajar el papeleo y planear el picnic de la empresa. En ambos casos, disfrute de ganar $ 40,000 al año por el resto de su vida.

De vez en cuando alguien escribe otro artículo preguntándose por qué RR.HH. no se toma en serio en la sala de juntas. La respuesta real es la siguiente: los RR.HH. se toman en serio cuando los dirigen líderes que entienden su negocio, entienden el negocio y ofrecen soluciones para atraer, retener y desarrollar a las personas de manera que ayuden al negocio a cumplir sus objetivos. Por lo tanto, si usted o su jefe se quejan de que "a la administración no le importan los recursos humanos", le sugiero que deje de quejarse y comience a brindar soluciones a las personas que ayuden a resolver los problemas reales del negocio. Los RRHH sólo se tomarán en serio cuando lo merezcan.

Cuando resuelve esos problemas, de una manera que realmente ayude a las personas a encontrar una mayor satisfacción en el trabajo que realizan y en la compañía para la que trabajan, eso es un verdadero éxito. Recibirá un correo electrónico de un empleado expresando su más sincero agradecimiento porque ayudó a resolver un problema engorroso que estaba teniendo con un compañero de trabajo en su semana. No sólo es gratificante saber que ha ayudado a alguien de una manera que pocos otros en la organización podrían haberlo hecho, sino que, por derecho propio, esos problemas también son desafíos fascinantes. No son divertidos, pero hay una inmensa satisfacción cuando reúne los hechos, sopesa los asuntos legales, las preocupaciones morales, los precedentes de la compañía, las historias de trabajo de los involucrados, toma su decisión y vende al jefe, lleva todo a cabo, y sabe en sus entrañas que ha hecho lo correcto.

Por encima de todo, no hay nada como la satisfacción que se obtiene al encontrar una gran idea para la empresa, vender al jefe, ponerla en su lugar y verla cambiar las cosas para mejor.

Pero, por supuesto, los recursos humanos no son nada más diversión y gloria. En tiempos difíciles, es posible que vea algo escrito en la pared del baño no tan positivo de usted. Su profesión le da acceso a todos los secretos más jugosos del negocio, y para algunas personas ninguno es más jugoso que conocer los salarios de todos. Ahí radica lo que creo que es la primera sorpresa inesperada y desagradable que espera a cada nuevo líder de Recursos Humanos, especialmente a aquellos que informan al Presidente: La comprensión de que no se encuentra entre los mejor pagados entre sus pares, y tampoco lo estará.

Recursos Humanos puede ganar su lugar en la mesa, pero no estará en en La Mano Derecha. Lamento tener que decirle esto, pero no importa cuánto valore el jefe su contribución, simplemente no vale tanto como el principal responsable de Finanzas, el responsable de ventas, el responsable de ingeniería o el responsable de operaciones. nunca será así. Y sólo para importunarlo más, puede conocer las diferencias exactamente. (Sin embargo, no se desanime; tiene una buena oportunidad de vencer al informático y al comprador). Algunas personas pueden desarrollar un verdadero problema con eso, y únicamente les amarga la vida. No deje que le suceda esto a usted.

Por supuesto, creo que la mayoría de las personas luchan contra la tentación, pero en cualquier caso, eso no es lo que le está ganando esas sacudidas de lástima. Resolver los conflictos interpersonales siempre requiere más paciencia de la que me gustaría tener, sobre todo porque las personas hacen un mayor esfuerzo para tratar de ganarle más de lo que lo harían si se limitaran a dejar a un lado la basura, y le dijeran de frente lo que realmente está sucediendo. Además, esos secretos que mencioné - sobre las personas con quienes trabaja y respeta - a menudo no son tan jugosos como feos, a veces involucran cosas como el abuso de drogas y alcohol, el acoso sexual, la infidelidad conyugal y, a veces, los delitos graves. No está solo en el bucle con esas cosas; por lo general, usted es la persona que tiene que profundizar en todos sus detalles escabrosos, hasta el punto que a veces siente que no debería ir a casa hasta haberse duchado. Es difícil acostumbrarse a despedir a las personas, aunque con el tiempo comprende en el fondo que es lo correcto (al menos, será mejor que lo haga, de lo contrario, le faltan algunos pasos), y al menos es porque la gente lo merece. Sin embargo, cuando planifica y lleva a cabo reducciones de fuerza, cuando saque a personas buenas que no merecen perder su trabajo, a menudo lo hará sentir mal del estómago y le dará malos sueños.

Entonces, cuando tengo esas reacciones ante las personas que aprenden lo que hago para ganarme la vida, aquí está mi respuesta: Es mucho más lo bueno que lo malo en Recursos Humanos, pero lo malo es terrible.

Oh, pero mire el lado positivo: todas esas cosas locas le dan las mejores historias de guerra en el lugar de trabajo durantelas fiestas, dejará en segundo lugar sólo a las personas que trabajan para el FBI o alguna organización de operaciones encubiertas. Y además, realmente no tiene el peor trabajo en la empresa. Esa distinción pertenece al Gerente de Calidad. Un cliente puede resoplar y gritarle hasta que se ponga el sol, y esta persona tiene que tomarlo con la cabeza inclinada y las manos juntas en una súplica. Si un empleado comienza así con usted, puede despedirlo.

¡Así que no tiene nada de qué quejarse! ¿Quiere un trabajo donde todo sea todo sonrisas? Vaya a vender flores. Pero si desea una carrera que involucre su intelecto, su sabiduría, su energía y, sí, su corazón, en el que puede hacer el bien por su prójimo, además de recibir un pago, entonces no creo que pueda haber mejor opción que la gestión de recursos humanos. Así que dígale a esas personas que no desperdicien su compasión en usted; tiene un gran trabajo y espero que los siguientes pensamientos lo ayuden a hacerlo aún mejor.

La Persona Que no Cambia Realmente de Recursos Humanos

Hacer que todas las prioridades en competencia se satisfagan, las personas malhumoradas se apacigüen, las decisiones arriesgadas se tomen, los egos extragrandes se controlen, los plazos ajustados se cumplan y llevar a cabo las extensiones de último momento para viajes de negocios en los que podría darse una patada, porque *sabía*que debería haber empacado un par de calcetines extra (¡otra vez!); todo esto es parte del equipo de liderazgo de una organización, lo cual es realmente divertido. Es emocionante participar en la dirección de una organización, no sólo por las otras personas del equipo. Por supuesto, cada miembro – la persona de Finanzas, la personade Operaciones, la personade Ventas – tiene un papel único que cumplir. Pero cuando usted es el miembro responsable de los recursos humanos, si va a tener éxito, debe reconocer que tiene más de un rol que cumplir. A diferencia de todos los demás que se sientan alrededor de la mesa en las reuniones del personal del Presidente, en cierta medida usted también tiene que cumplir con un perfil.

No estoy hablando de ajustarse a un estereotipo. Nos burlamos de los muchachos de las finanzas por ser insensibles y retraídos, los de las operaciones por ser temerarios y los de las ventas por ser afables, habladores superficiales y rápidos. (No tema quedarse fuera de la diversión: somos los débiles y delicados, los graduados en humanidades mal ubicados y sin cabezas para los negocios). Hay muchas personas en esos roles cuyas personalidades se ajustan al tipo; pero, por supuesto, hay muchos que no lo hacen, y si lo hacen o no nada tiene que ver con si tienen éxito o no. Incluso el Presidente puede ser un humanitario ilustrado o un ogro ególatra, y aún ser considerado bueno en lo que hace.

Pero único entre todas las posiciones en el equipo de liderazgo, es el líder de Recursos Humanos, quien no tiene esa flexibilidad. Para bien o para mal, las personas en todas las organizaciones, en todos los niveles, tienen expectativas sobre qué tipo de persona debe ser, y sólo puede tener tanto éxito si no puede cumplir al menos con algunas de ellas. La organización exige que sea una persona carismática.

Afortunadamente, eso no significa que tenga que ser una mariposa social alegre; pero los empleados sí esperan que usted sea visible, accesible, fácil de hablar, imparcial y sinceramente preocupado por su bienestar. Quieren que todos en la gerencia sean así; pero la persona de Finanzas puede pasar la mayor parte de su carrera en su oficina, para ser visto sólo cuando se abre camino a través de una presentación en una reunión de empleados, y nadie cuestionará seriamente su capacidad para hacer su trabajo. Simplemente no lo buscan para que contribuya a la organización de esa manera. Pero si así es como planea pasar su carrera en Recursos Humanos, puedo prometerle que, sin importar qué tan inteligente sea su plan de compensación de incentivos, sin importar qué tan incisivo sea el panel de métricas, sin importar qué tan compatible sea su manual de empleados, la población general de empleados no lo considerará como alguien que hace lo que debería estar haciendo.

Una vez, después de comenzar un nuevo trabajo, escuché a varias personas hablar sobre mi predecesor con sincero y tembloroso desprecio. No es que pensaran que era incompetente, o incluso que era injusto. El problema era que se quedó en su oficina y no sabía los nombres de nadie.

La gente quiere confiar en que el departamento de recursos humanos sea el departamento que los cuida, que les ayudará a obtener un trato justo en la organización. Esa es una reputación digna para cualquier función de RH a la que aspirar, siempre y cuando no juegue demasiado a "la voluntad de la gente" (mencioné eso antes y tendré más información sobre eso más adelante). Y paga mayores dividendos que la forma en que las personas perciben su departamento. Cuando Recursos Humanos tiene esa reputación, toda la organización tiene esa reputación.

También hay una razón práctica para adoptar el perfil de individuo de Recursos Humanos. Su departamento está encargado de evitar los problemas de los empleados, y además de todas sus capacitaciones y políticas, una de las formas más efectivas de hacerlo es ser un individuo al que las personas puedan plantear problemas. Necesita que la gente pueda entrar a su oficina, cerrar la puerta y decirle que creen que han sido acosados sexualmente antes de avisarle a un abogado, o detenerlo en un pasillo para decirle que algunos de los chicos habían asistido a una reunión en el sindicato local.

Tal vez tenga confianza en su imparcialidad (como estoy seguro de que debería); pero quizás cultivar el resto del perfil de Recursos Humanos está un poco fuera de su zona de confort. No se preocupe, como dije, no exige que sea un ser exageradamente extrovertido. Para serle sincero, las pruebas de personalidad que tomé me dicen que prefiero relacionarme con algunos amigos que ir a una gran fiesta. Eso no significa que no pueda ser bueno en este aspecto de mi trabajo. Se trata de adoptar algunos comportamientos específicos. Aquí hay algunos que funcionan para mí:

1. Aprender los nombres de las personas y usarlos. Mantenga una lista de empleados a mano y memorícela con sus fotos si es necesario. Yo mismo no recuerdo nombres fácilmente, pero si puedo poner esto en práctica, usted también puede. Consiga los nombres correctos.

2. La guía de gestión le dice que saque su parte trasera de su oficina. Pero el perfil de RRHH exige más. Haga contacto visual con tantas personas como pueda; Me refiero incluso con aquellos que están a 40 pies por el pasillo, o por todo el piso. Sonríales y salude - ¡y cuando estén al alcance para que lo escuche diga sus nombres! Haga esto incluso si está en medio de una conversación en el pasillo. Nunca deje que la gente piense que los está ignorando.

3. Ya dije esto, pero vale la pena repetirlo: cuando esté en los pasillos o en el piso, sonría. De Verdad. Pero aquí hay una advertencia: cuando esté en las reuniones de administración con sus compañeros o superiores, apague el perfil o corre el riesgo de salir como un peso ligero sonriente.

Es increíble por lo pequeños que son estos gestos. Póngalos en uso y se sorprenderá de lo poderosos que son.

Cada dos semanas más o menos, un gran pensador escribe otro artículo que habla sobre el papel cambiante de los recursos humanos. La persona de Recursos Humanos no cambia.

Redacción de Políticas

Cuando escriba las pólizas de los empleados, no empiece hasta que haya pegado en la pared el viejo dicho: "los casos difíciles constituyen una mala ley". Tratar de anticipar todas las situaciones que su póliza debe cubrir puede evocar fantasmas bastante oscuros, y tratar de protegerse contra ellos requeriría que tomara algunas medidas que realmente no se aplican a la mayoría de las preocupaciones que enfrenta, para bien o para mal.

Por ejemplo, al desarrollar una política de asistencia, alguien puede objetar una formulación propuesta diciendo: "¡Espera un segundo! Supongamos que Bob en Mantenimiento se despierta y descubre que su auto no arranca. Él es un tipo sólido, pero si tuviéramos esta política en vigor, ¡sería penalizado por ello! "

Por supuesto, usted no quiere penalizar innecesariamente a un buen empleado; pero, ¿cuántas veces ha encontrado un tipo como Bob que su auto no arranca en la mañana? Probablemente nunca, porque Bob, el chico responsable que es, cuida su auto para que esté listo cuando lo necesite. Son las personas con problemas de asistencia quienes también tienden a tener problemas con el vehículo.

En el otro extremo de la escala de problemas, algunos empleadores degradarán a toda su fuerza laboral para evitar una estafa que la gran mayoría de sus empleados no soñarían intentar. Mi favorito es el requisito de proporcionar un obituario del periódico para ser elegible para tomar un permiso fúnebre. Claro, puede haber alguien en una empresa así, dispuesto a justificar una relación falsamente para obtener uno o dos días libres; pero, ¿vale la pena que los salarios perdidos requieran que todos los demás demuestren su honestidad cuando acaban de perder a un familiar? Eso es ridículo.

Toda regla puede ser burlada, excepto la de la muerte y los impuestos. Cada sistema puede ser engañado. No haga que su gente o su empresa salten a través de estúpidos procedimientos para evitar ese puñado de situaciones extrañas y únicas. Escriba reglas con las que pueda vivir la gran mayoría de su gente y maneje los casos difíciles a medida que se presentan. Por supuesto, tiene que protegerse contra los problemas raros, pero potencialmente graves, como el robo o la violencia, pero una vez que supera los grandes problemas como esos, el resto no merece tanto control. Encontrará que son más raros de lo que crees que serán.

*

Ese último pensamiento probablemente le hizo asentir con la cabeza ante su sentido común; pero hay una política en su manual en la que todo lo que sale por la ventana, porque cualquier otra situación que cubra es realmente una única imprevista que puede hacer que usted se vuelva un poco loco si no lo administra adecuadamente. Esa política es la licencia por duelo.

Nadie tiene que decirle a una persona de recursos humanos que la vida familiar contemporánea puede complicarse bastante. Si su póliza cubre los permisos para las madres, pero no para las tías, le garantizo que alguien en su empresa perderá a una tía que lo crió durante 4 años, por lo que fue como una madre para él y, por lo tanto, ¿no debería ser elegible para el permiso fúnebre?

Si su póliza cubre la licencia de los niños por relación consanguínea o tutela legal, planteemos lo siguiente, alguien ha estado viviendo con una persona durante 15 años y acaba de perder a un *hijo*, y aunque su empleada no era una tutora legal, bueno, *era como una* madre. ¿Qué hay de ese caso?

Una vez que comience a hacer excepciones para esas circunstancias, no habrá vuelta atrás hasta que revise su póliza. Así que ahórrese un montón de dolores de cabeza: averigüe qué relaciones serán y no serán elegibles para el permiso funerario, y pídales a todos que tengan una única solicitud de excepción para que utilicen el PTO - sin excepciones.

*

Me he convertido en un gran fan de las políticas de asistencia sin culpa (reconociendo que sólo pueden ser sin culpa en la era de ADA y FMLA). Si necesita una nota del médico después de tantos días de ausencia, considere esto: ¿por qué le importa el motivo de la ausencia? El tiempo ya está perdido. Su cliente no pensará que estaba bien si la fecha límite perdida resultante fue por una muy buena razón. Y cuando esa empleada acudió al médico por su resbalón, lo puso en el plan de salud de la compañía. Así que no sólo está haciendo que los empleados busquen información que no tiene ningún valor real para usted, sino que también la está pagando.

En lugar de ponerse en la posición de juez sobre cuál es una buena o una mala razón para que un empleado pierda el trabajo, es mucho más fácil, más barato y más adulto simplemente establecer cuánto absentismo no programado puede vivir su organización y hacer un seguimiento de los sucesos.

*

Evite convertir su manual del empleado en un manual de procedimiento detallado, en el que, por ejemplo, explique cómo navegar a una página en particular en la Intranet de la compañía para encontrar un formulario. Con el tiempo, el personal de IT rediseñará toda la Intranet y nunca podrá actualizar el manual para reflejar el cambio. Los manuales de políticas deben ser sobre políticas.

Trabajando para el Presidente

Trabajar para el Presidente en una compañía lo suficientemente grande como para tener un líder de RRHH es diferente a trabajar para cualquier otra persona, y no sólo por su título. Lo más probable es que haya conseguido el mejor puesto porque también es el tipo más astuto y trabajador del negocio. De hecho, en general él es probablemente más astuto que usted. Claro, podría ser capaz de vencerlo en *Jeopardy!*, pero si fuera un competidor en cuanto a los negocios, probablemente le quitaría la cabeza (es por eso que ingresó en Recursos Humanos). He descubierto que eso es cierto incluso para muchos Presidentes que no tienen tanto éxito. Es casi seguro que tiene un ego más grande que usted, pero eso es sólo porque se lo ha ganado.

Los Presidentes de empresas tienen ciertas tendencias casi universales. Tienen opiniones sobre todo, y no tienen miedo de compartirlas. Pueden tener una racha contraria casi imperturbable, pero generalmente es porque son más perceptivos que todos los que los rodean. Y realmente, *realmente* necesitan hacer las cosas. Usted podría estar "orientado a los resultados"; los Presidentes son adictos a los resultados.

Una simple oración declarativa puede activar todas estas características. Usted puede ser parte de una reunión con el Presidente, y cuando se cierre, alguien dirá que la nueva pintura blanca en el marco de la puerta se ve bien. "No, es realmente perla", dirá el jefe, "y fue una elección de color estúpida". La vehemencia de su opinión pondrá una sonrisa incómoda en la cara de todos, porque aunque algunos de ustedes pueden haber descrito el blanco como "poco atractivo", ninguno de ustedes lo habría descrito como"estúpido" (y con todo lo demás en sus listas de tareas pendientes, realmente no podría importarle menos). Pero luego el jefe dirá: "Por alguna razón, muchas personas ponen sus manos en las esquinas a medida que se acercan, y ese color mostrará todas las huellas de manos sucias. Si no limpiamos ese borde cada dos días, nuestros clientes pensarán que el lugar parece una pocilga cuando vengan".

Encogiéndose de hombros y asintiendo, todos concederán su punto. Ahora que lo menciona, tiene razón; de hecho, la gente se sujeta a ese adorno y se inclina para hablar con la gente en la sala, y ese color realmente mostrará todas esas huellas dactilares. Y mientras todos están intercambiando miradas de admiración por la atención del jefe a las cosas que todos los demás extrañan (una vez más), está hablando por teléfono con el encargado de mantenimiento que le dice que cambie ese color antes de que termine el día.

Boom. Hecho. ¿Siguiente?

Así es como es el Presidente. Y si trabaja para él, esperará que usted se mantenga al día.

Los Presidentes vienen en dos variedades, género público y género privado. (Cuando escribo sobre un Presidente en una compañía pública, me refiero al Presidente de una unidad de negocios, no al mayor de los grandes en la cima). Los Presidentes en las empresas públicas son realmente inteligentes, bien educados, profesionales y escrupulosos sobre el seguimiento de cosas como los códigos de ética de la empresa.

Quieren ganar mucho dinero, y están más dispuestos a disfrutar de las trampas del éxito. Tal vez al principio no eran ese tipo de persona, pero creo que los años de trabajar con personas que son de esa clase no pueden hacer otra cosa sino influenciarlos. Una de las razones por las que muchos de ellos quieren hacer las cosas es porque son ambiciosos para llegar al siguiente nivel. Si usted también es ambicioso, es posible que pueda seguir a su Presidente en una promoción a un negocio más grande o un rol más importante, si le agrada lo suficiente. Pero a menudo no es tan simple; puede que tenga que tomar ese tipo de decisiones más allá de una gran cantidad de personas por encima de él.

Los Presidentes en las empresas privadas tienen mucha más pasión - o amor, sería una palabra más apropiada -, por el trabajo real del negocio (a menudo porque lo empezaron). Como no forman parte de una organización más grande, tienen más libertad para moldear su cultura. Esto significa que pueden ser admirablemente paternalistas; aunque también pueden ser tiranos despiadados. Los Presidentes de muchas empresas privadas son para sus empleados y comunidades las mismas figuras de grandeza que la de muchos CEO. No sólo son admirados; son figuras de leyenda. No son raros, y trabajar para ellos es un privilegio. Es probable que no estén tan bien educados como sus homólogos públicos, pero son igual de astutos. Han aprendido a través de los increíbles riesgos personales y profesionales que han asumido para llevar su negocio a donde está hoy: riesgos para los cuales, para ser francos, la mayoría de sus contrapartes públicas simplemente no han conseguido *las bolas*.

Ahora, por supuesto, hay líderes de empresas privadas que son escandalosamente avariciosos, al igual que hay líderes en empresas públicas que están sinceramente motivados para hacer el bien a los empleados y al mundo en general. Pero creo que las distinciones que he descrito se aplican la mayoría de los casos. Es seguro decir que, por lo general, puede distinguirlos por un trozo de papel que recibieron antes en su vida. Para el Presidente público, es un Máster en Administración de Empresas; Para el privado, es una segunda hipoteca.
Sin embargo, hay una cosa que ambos tienen en común: tienden a tener períodos de atención extremadamente cortos – especialmente para problemas de recursos humanos.

Manteniendo los dedos del jefe fuera de la estufa

Creo que hay algo sobre ser el jefe superior que, de vez en cuando, le hace querer demostrarle al mundo que es el jefe superior. Desafortunadamente, a veces su idea de una buena demostración es algo que puede poner en problemas al negocio. Cuando se trata de un problema relacionado con RR.HH., ¿cómo le dice al jefe que se retire del precipicio?

La mejor manera que conozco es entrenarlo como lo haría con cualquier otra persona; usted establece las elecciones y las consecuencias, y le muestra la elección que quiere hacer, realmente no le va a dar lo que quiere. Por ejemplo, una vez tuve un jefe que estaba frustrado con un empleado problemático y quería que simplemente lo despidiera. "Simplemente está tomando demasiado tiempo de la gente", me dijo el jefe con la mandíbula apretada. Le dije: "Ok, ¿quiere que lo despida? Claro que lo haré. Y se sentirá bien al respecto, durante unos 30 minutos; porque eso es todo el tiempo que él tendrá que salir de aquí y bajar a la oficina de un abogado, donde desarrollarán un reclamo de discriminación contra nosotros. Y si cree que esto está tomando el tiempo de la gente ahora, espere hasta que tenga que empezar a decirles que tendrán que hacer tiempo para prepararse para sus declaraciones, y luego comparecer en la corte". Para cuando terminé de hablar así, el jefe se calmó. Unos meses más tarde tuvimos lo que necesitábamos para terminar con su némesis. Dejó de tomar el tiempo de todos, y aunque el jefe nunca dijo nada después, creo que apreciaba que lo dirigiera en la dirección correcta.

Algunos años después, tuve otro jefe en una empresa privada que, digamos, tenía una amplia tolerancia al comportamiento aceptable en la fiesta navideña de la empresa. Estaba bastante optimista sobre los riesgos que corría, hasta que se lo expliqué de esta manera: "Si una empleada se envuelve alrededor de un poste de teléfono después de esta fiesta, tal vez no responsabilizaría a la compañía, pero su cónyuge podría hacerlo. Y si por ello tiene que entregar prácticamente las llaves del negocio, ¿se sentirá bien diciéndoles a sus socios, 'pero hombre, fue una gran fiesta de Navidad'?Si está bien, toque otro barril; pero si no lo está, entonces creo que tenemos que establecer algunas pautas para proteger el negocio si algo sucede".

Este estilo no es para todos, por supuesto; como con cualquier acto de liderazgo creíble, usted tiene que encontrar su propia voz. El truco es pintar la imagen en términos que muestren las opciones como nítidas y obvias.

Ahora, en sus enfrentamientos contra las convenciones, estos tipos conocen perfectamente los riesgos. No son niños; Entonces, ¿por qué necesitan empujar los límites de vez en cuando? Aquí voy a jugar al sillón del psicólogo. Creo que en sus relaciones con los subordinados expertos en la materia, como la persona de recursos humanos y la persona de finanzas, los Presidentes a veces necesitan mostrar una especie de rebeldía calculada. Al igual que el niño pequeño que alcanza la estufa caliente mientras mira por encima del hombro para ver si alguien se da cuenta, el jefe a veces quiere que le aseguren que, si se pone un poco impulsivo o va demasiado lejos, tire de sus manos antes de que él se queme los dedos. Tal vez sea sólo imprudencia; tal vez es un atrevimiento que lo llevó a donde está. Pero tal vez, de vez en cuando, el jefe sólo necesita ver si puede confiar en que su equipo lo mantendrá fuera de problemas.

Su jefe puede o no discutir con mi psicoanálisis (¡el mío lo haría; es un necio!), Pero definitivamente estaría de acuerdo con el punto más importante; su trabajo más importante es apoyar al Presidente. Eso significa entregar las soluciones de recursos humanos de gran tamaño que respaldan la estrategia comercial del Presidente. Pero no olvide que también significa vigilar de cerca la proximidad de sus dedos a todas las estufas calientes.

*

El Presidente necesita personas en su equipo en las que pueda confiar, en un sentido que es mucho más profundo que su necesidad de confiar en sus subordinados. Él está buscando la lealtad de su equipo. Sea leal. Siempre busque formas de apoyar al Presidente ante los empleados, y lo que a veces es más difícil, ante sus compañeros. Claro, puede tener una conversación de "qué está haciendo él" a puerta cerrada con un compañero particularmente confiable de vez en cuando, pero no lo haga un hábito. Ofrezca una perspectiva a las personas que apoyen lo que el jefe está tratando de lograr. Aunquela gente lo llame adulador a sus espaldas, hágalo de todos modos, esto es mucho mejor que si el Presidente descubre que está lanzando dagas detrás de su espalda. Si no puede ser leal, váyase.

La mejor manera de tener una relación exitosa con su jefe es darle lo que quiere. De vez en cuando, eso significa que no le da lo que dice que quiere, sino lo que cree usted que necesita. Pero no se ponga engreído; no es una situación muy común. Es probable que su jefe tenga que ser el jefe al tener razón la gran mayoría de las veces, así que no sea demasiado rápido para cuestionarlo. Además, él es el jefe.

Uno de mis modelos de cómo un líder de Recursos Humanos debe interactuar con el Presidente de la compañía es el Dr. McCoy del "Star Trek" original. A medio camino de una tensa confrontación alienígena, McCoy subía discretamente al puente y se apoyaba en un panel justo detrás de la silla del capitán Kirk. Pero no sólo estaba ocupándose de los alienígenas en la pantalla de vista frontal; McCoy estaba observando a la tripulación y al capitán. Después de que la crisis inmediata hubiera pasado, Kirk iría a sus cuarteles. Tan pronto terminó de entrar, se oyó un zumbido en la puerta, y McCoy entró. Sin tanto de "disculpa si me siento", McCoy se sentaría y preguntaría si Kirk había considerado todas las ramificaciones del curso de acción que estaba siguiendo, o si le había dicho a

Jim que pensó que el Capitán estaba permitiendo que un sentimiento personal afectara su juicio, o que pensaba que Kirk estaba presionando demasiado a un miembro de la tripulación en particular.

Kirk siempre parecía un poco irritado con estos intercambios (tener el destino de la galaxia en sus manos probablemente le haría eso a usted también); pero comprendió que si no podía justificarse ante un asesor de confianza, probablemente no estaba tomando la decisión correcta. Y ambos comprendieron que parte del trabajo de McCoy era observar qué tan bien el capitán y la tripulación estaban cumpliendo su misión, y si tenía algunas dudas sobre cualquiera de los dos, no podía simplemente quejarse consigo mismo en Sickbay.

Como oficial superior, McCoy tenía la obligación de compartir sus observaciones y preocupaciones con su jefe. Además, ser un asesor de confianza significaba que no podía esperar hasta que su Capitán estuviera de mejor humor para hablar; McCoy tuvo que presentar su perspectiva para que Kirk pudiera usarla en su decisión. Si lo aceptó o no, dependía del Capitán; pero el trabajo de McCoy era darle a su jefe esa opción.

A veces, sus intercambios se calentaban tanto que Kirk se disculpaba más tarde. McCoy siempre aceptó con un generoso encogimiento de hombros, como si no se necesitaran las disculpas. De manera similar, Kirk nunca agradeció a McCoy, incluso cuando el consejo hizo toda la diferencia, y nunca tuvo la sensación de que McCoy necesitaba el agradecimiento. Todo era parte del trabajo.

Tal vez usted no esté en una nave estelar, pero la relación del Dr. McCoy con el Capitán Kirk es un excelente ejemplo de cómo un líder de Recursos Humanos necesita a veces interactuar con su jefe. A veces, el negocio se enfrenta a un desafío difícil que pone al Presidente bajo estrés y que genera una observación o preocupación de su parte. Si cree que es algo que podría ayudar a su jefe, tiene que hablar, incluso si le preocupa que no se lo tome bien. He estado allí, y sí, en algunas ocasiones mi jefe no lo tomó bien; pero casi invariablemente, vino más tarde para decir que apreciaba que yo hubiera hablado, y ese intercambio continuó fortaleciendo nuestra relación.

Por supuesto, estamos hablando de un programa de televisión. Es difícil decirle al jefe algo que no quiere escuchar, o desafiar una dirección que está tomando. Existe la renuencia a soportar una diatriba fulminante, o incluso el temor de que arriesgue su trabajo. Pero si le agradecerá o lo desarmará por ello, como líder de RR.HH. le debe su mejor consejo a su jefe, lo quiera o no.

*

Cuando comete un error, asúmalo; A los jefes no les gusta la incompetencia, pero pueden respetar la honestidad. Y desprecian la cobardía.

Lo Que el Jefe Quiere de Usted

Cuando comienza un trabajo en el liderazgo de recursos humanos, tiene una cabeza llena de descripciones de trabajo y formularios de entrevista, de los requisitos de cumplimiento de EEO y ERISA, de planes para capacitar a los supervisores en derecho laboral, y tal vez aplicar el enfoque de alguien u otro para hacer evaluaciones de buen desempeño. ¡Oh, qué buen trabajo hará! ¿No se alegrará el Presidente de su empresa?

Bueno, lamento tener que ser quien que le diga esto, pero aquí hay una pequeña y lamentable dosis de la dura verdad: el Presidente de su compañía no le importa media porquería el 75% de lo que usted hace.
No me malinterprete, él sabe que lo necesita. Él no lo habría contratado si fuera de otra manera. Y le dará tiempo para hablar sobre lo que está haciendo en sus reuniones de personal. Incluso lo mirará mientras usted está hablando. Pero si utiliza la mayor parte de su tiempo de cara con el Presidente para hablar sobre las tuercas y los pernos de Recursos Humanos, comenzará a notar en esos momentos cómo su cara se asienta en una sonrisa vacía, y cómo su cabeza comienza a asentir en momentos extraños, y cómo él amablemente le agradece por su aporte antes de dirigirse a lo que la persona de Operaciones o de Finanzas le están diciendo. Si esas sesiones lo dejan sintiéndose tímido y molesto por la falta de atención, no

cometa el error fatal de culpar al jefe por "no preocuparse por los recursos humanos". El problema no es que no le importe su campo. El problema es que su persona de recursos humanos no le está dando lo que realmente quiere.

Mire, no obtuvo su Máster en Administración de Empresas ni su segunda hipoteca y se comprometió a trabajar durante 70 horas por semana para poder administrar los beneficios de los empleados (a menos que, por supuesto, esté dirigiendo una empresa que administra los beneficios de los empleados). Sabe que alguien tiene que hacerlo, y quiere que se haga bien, pero probablemente no sea eso en lo que está pensando cuando apaga la radio del coche en el camino a casa por la noche. De hecho, si ese tiene que ser el tema de su viaje a casa, probablemente no esté contento con eso, porque está evitando sus pensamientos de otros problemas más acuciantes – como aquellos para los cuales usted no fue contratado, él quiere resolverlos por sí mismo.

El psicólogo Frederick Herzberg dividió los factores que influyen en la motivación de los empleados en lo que él llamó factores de "higiene" y "motivación". Los factores de higiene no motivan a las personas, pero crean insatisfacción cuando están presentes a un nivel satisfactorio. Por ejemplo, una oficina bien mantenida no lo hará un empleado más feliz, pero si su empleador nunca consigue que alguien limpie su oficina y vacíe su bote de basura, probablemente lo hará un empleado menos feliz. Los factores de motivación realmente contribuyen a la satisfacción laboral cuando están presentes, como tener un jefe que reconoce el gran trabajo que hace. Usted podría dividir sus responsabilidades de la misma manera. Al igual que otras funciones de nivel de personal, muchos recursos humanos se refieren a las cosas que la gente espera que una empresa haga correctamente, como el cumplimiento de EEO y ERISA, y la capacitación de supervisores. Él quiere que usted mantenga el ruido bajo. Termine el trabajo administrativo y hágalo bien, para que no escuche ninguna queja al respecto. Si usted es una casa no sindicalizada, mantenga el sindicato fuera. Si tiene un sindicato, manténgalo lo más cooperativo posible.

Maneje los problemas de los empleados y haga lo que pueda para controlar los costos, como los beneficios de los empleados y la compensación de los trabajadores. Esos son los factores de "higiene" para el Presidente de su empresa. Es importante hacer esas cosas bien, y hacerlas de dicha manera sin duda le hará ganar su aprecio; pero no le hará ganar un lugar en su círculo de personas en las que realmente confía para ayudarlo a abordar los grandes problemas del negocio. Debe comprender sus factores de "motivación" y usar la mayor parte de su tiempo para trabajar en ellos, y asegurarse de que es de lo que habla en las reuniones de personal.

Lo que "motiva" a un Presidente a valorar a la persona de Recursos Humanos variará. Me he sorprendido a lo largo de los años por la cantidad de Presidentes de empresas que realmente apoyan las iniciativas de bienestar. No estoy seguro de que sea porque aprecian la relación entre un estilo de vida saludable y los costos de atención médica, o si simplemente controlan a los fanáticos a quienes les gusta decirles a otros cómo vivir; de cualquier manera, probablemente usted pueda hacer feliz a su jefe desarrollando un programa de bienestar sólido. Pero hay una cosa sobre todas las demás que él realmente quiere de usted. Cuando el Presidente de su compañía apaga la radio de su automóvil para pensar en el trabajo, es muy probable que esté luchando con sus dos problemas perennes; cómo su negocio responderá a las amenazas y cómo aprovechará las oportunidades. Y sabe que no puede enfrentar a ninguno de ellos a menos que tenga gente realmente buena. Aún más importante, él sabe que debe que tener buenos líderes.

No hay nada que su jefe quiera de usted más que se ocupe de encontrar y hacer crecer a los mejores líderes que le sea posible. Por supuesto, me refiero a encontrarlos en el exterior de la organización, pero también me refiero a aquellos en el interior. Debe evaluar continuamente a los líderes en el negocio - quién tiene el potencial para desempeñar un papel más importante, quién necesita ayuda y quién no rinde lo suficiente. Hay montones de personas que mueren por decirle cómo evaluar y desarrollar líderes, y le dejaré a usted para que planifique y aplique su sabiduría acumulada. Pero hay más para encontrar buenos líderes que administrar pruebas de personalidad o realizar entrevistas en grupo. Permítame ofrecerle dos ideas sobre cómo un líder de Recursos Humanos debería contribuir a la búsqueda.

Primero, siempre debe estar aprendiendo activamente sobre las personas en su organización. ¿Recuerda lo que dije sobre cómo el Dr. McCoy de "Star Trek" saldría al puente en tiempos de crisis, observando cómo están el Capitán y la tripulación? Para alguna parte de su cerebro, todas sus interacciones con las personas deben involucrar a su Dr. McCoy. Puede pensar que se trata de una serie de interminables entrevistas de trabajo, en las que nunca deja de prestar atención a los patrones de lo que dicen las personas, cómo se comportan y cómo interactúan, de modo que pueda hacer una estimación de aquello en lo que son buenos, dónde podrían necesitar ayuda, qué tan bien pueden hacer el trabajo y si podrían desempeñar un papel más importante. Trabaje siempre para tener una respuesta lista cuando su jefe pregunte: "¿Qué piensas de tal y tal?"

En segundo lugar, afines se encuentran. Con esto quiero decir que los buenos líderes saben cómo detectar buenos líderes, y los buenos líderes quieren trabajar con otros buenos líderes. Entonces, si va a decidir quién es un buen líder y quién no pertenece a los candidatos de empleo, y si va a representar a su compañía de una manera que atraiga a los buenos líderes a su organización, tiene que ser un buen líder. Si nunca ha liderado algo más grande que su departamento de recursos humanos, es probable que pase un tiempo antes de que realmente desarrolle la inteligencia que los buenos líderes tienen en sí mismos y pueden reconocer en los demás. Así que vaya y lidere algo. Si su hijo está en los *Scouts*, que usted sea el Líder cuando algún grupo lo requiera. Asista a un comité en el banco local de alimentos. Sólo obtenga algo de experiencia haciendo que la gente haga algo. Eso lo ayudará a aprender lo que necesita el jefe y le dará la única cosa por encima de todas las demás personas que él más quiere de usted.

Reducciones de Personal y Reestructuraciones

Anteriormente dije que hay más cosas buenas que malas acerca de los recursos humanos, pero lo malo es terrible. Las reducciones de personal son las horribles. No importa cuán evidente o urgente sea la necesidad de la empresa de reducir el personal, tomar la decisión de sacar a grupos de personas con poca advertencia previa, incluso cuando tienen un desempeño marginal, es la parte de este trabajo que realmente puede tomar una carga física o psicológica en usted. No importa cuántas veces las haga, puede perder el sueño o el apetito. A veces he tenido malos sueños durante semanas después. Pero no se sienta tan mal por usted (o por mí); después de todo, cuando todo ha terminado, a diferencia de muchas otras personas buenas, todavía tiene un trabajo.

Además, cuando hay que hacerlo, hay que hacerlo, y su trabajo es asegurarse de que se haga correctamente. Planificar y completar una reducción de personal es una de las responsabilidades más complejas de cualquier líder de Recursos Humanos. Hay una gran cantidad de detalles técnicos que deben abordarse - publicaciones de OWBPA, acuerdos de cesantía, los criterios de decisión... Las notificaciones deben coordinarse para que todos los gerentes involucrados comiencen al mismo tiempo y entreguen el mensaje correcto.

Tiene que planificar las contingencias de gran dramatismo, como alguien que rompe a llorar, grita o vuelve a la oficina con un rifle. Y, por supuesto, las malas noticias deben darse para preservar la dignidad de los afectados. Si se equivoca, su empresa podría enfrentar acciones legales o parecer insensible o prepotente - o ambos - ante los afectados, los sobrevivientes o la comunidad. Su trabajo es hacer que la organización pase ese día sin darle a nadie la causa de una acción legal, y de una manera que sea lo suficientemente profesional y respetuosa como para permitir que su compañía mantenga su buen nombre.

Tal vez sorprendentemente, las personas de RR.HH. tienden a entender bien el evento. Pero enfrentémoslo; para toda su complejidad, los pasos necesarios para completar una reducción de personal son cosas que puede marcar en una lista (además de eso, la acción legal es una rareza comparativa).
La parte realmente difícil de una reducción de personal tiene que ver con las preguntas sobre la reestructuración real de la organización: cómo va a lograr que el negocio supere el trauma que representa una reducción de personal y que continúe con el negocio del negocio. Ese es el otro objetivo real de una reestructuración - y es aquel en el que se cometen la mayoría de los errores.

Cuando las empresas van cuesta abajo y los gerentes tienen que comenzar a reducir el personal, hay momentos en que las empresas optan por dejar que algunas personas se vayan lo antes posible, y luego otras que esperan a cuando la gerencia puede descubrir más detalles más adelante. Creo que este es el peor enfoque. Cuando las cosas van mal, las mejores personas necesitan la seguridad de que usted seguirá siendo un empleador viable y estable. Las reducciones que se llevan a cabo en forma de goteo mantienen a todos tan nerviosos que pasan todo su tiempo en pánico en lugar de trabajar. El mejor enfoque - para usar una metáfora apropiadamente fea - es hacer girar el hacha una vez, hacer un gran y sangriento alboroto, y luego concentrar a los sobrevivientes en limpiar y seguir adelante. Tal vez eso no sea posible en todas las circunstancias (aunque todavía no las he experimentado); pero el mejor enfoque es un evento bien planificado y bien programado, después del cual se reúnen todos los sobrevivientes y se dice: "por lo que sabemos, hemos terminado. Volvamos al trabajo ".

Usted sabráque ha hecho su trabajo cuando ha hecho un desastre sangriento. Cuanto más prolongado sea el proceso de deliberación, más gerentes tendrán las reuniones traseras con el jefe en las que le pedirán que se salve su área, y luego su reducción de personal, que salvará al negocio, dependerá de la eliminación del personal de limpieza. Cuando los negocios se vuelven cuesta arriba, rara vez obtendrá los números donde se necesitan para evitar hacer un desastre.

*

En algunas reducciones de personal, encontrará al jefe retorciéndose las manos más sobre qué hacer con un chico en particular. Simplemente no está haciendo el trabajo, tal vez sea un impedimento para el progreso real en la organización, o simplemente no es tan agresivo como lo debe ser un hombre en su posición. El problema es que ha sido un tipo clave en el lugar desde el principio de los tiempos, y conoce todos los números de pieza de cada producto, o conoce a todos los jugadores de los principales clientes. El jefe dirá: "No está haciendo el trabajo de la manera en que necesitamos; pero hombre, no sé si podamos mantener las puertas abiertas sin él".

Confíe en mí: dígale que sí, usted puede. Tal vez ese tipo tenga todo el conocimiento en su cabeza; pero si no lo está aplicando en el resto del negocio, de todas formas no le está haciendo ningún bien. He discutido esa pregunta con los jefes en varias ocasiones. Cada vez que contuvimos el aliento y sacamos al tipo, nunca nos arrepentimos. De hecho, después de que esas personas se iban, los clientes y los empleados ofrecían historias sorprendentes sobre lo profundamente que esta persona había frustrado a las personas dentro y fuera de la organización.

*

A veces, en un ataque de "compasión", el jefe puede preguntar si hay algún otro lugar al que pueda asignar a ese antiguo, pero incompetente empleado. Sáquelo. Los sobrevivientes que son degradados tienden a reaccionar de una o dos maneras; o bien simplemente esparcen veneno, o se vuelven perezosos después de sobrevivir a pesar de saber de su desempeño deficiente. Ellos *no estarán* agradecidos de tener un trabajo todavía. Eso es lo que le dirán a la cara; pero confíe en mí, una vez que su alivio por haber esquivado la bala se disipe, no es lo que les dirán a sus amigos alrededor del dispensador de agua.

Y, por cierto, el abogado de su compañía puede decirle que es mejor mantener a un empleado descontento vinculado de alguna manera a la organización, ya que es menos probable que esa persona presente una demanda. Esta es una de esas pocas veces (y realmente hay pocas) en las que el asesoramiento de su abogado no suele ser (eso es, *por lo general*) lo mejor para la organización. Como dije anteriormente, debe lograr que la organización supere la reducción de personal y vuelva a trabajar lo más pronto posible.

*

Esta necesidad de cierre es otra razón por la que no soy un fanático de las reducciones temporales de pago como alternativa a una reducción de personal. Pueden ser apropiadas si tiene confianza en la duración del período después del cual puede restaurar a las personas a sus niveles de pago anteriores; por ejemplo, un cliente clave necesitará un producto en un momento determinado. Pero si ese período de tiempo supera los seis meses, me pregunto cuánta confianza puede tener en las garantías de sus clientes.

Compartir el dolor en aras de mantener a todos los empleados trabajando parece ser la cosa compasiva y de espíritu de equipo. Pero las reducciones salariales de más de unos pocos meses, como tres, tienden a hacer que la mayoría de las personas sientan cada vez menos ese espíritu de equipo. Antes de que se extienda el dolor, sólo se convierte en el veneno.

El otro problema es que sus jugadores "A", que son críticos para superar su crisis, no pueden evitar comenzar a cuestionar su viabilidad como empleador. Por su bien, el resto de sus empleados, sus clientes y la comunidad de la que forma parte, cualquier organización está mucho mejor proyectando una imagen de ser una operación más pequeña pero saludable que la de cojear como una más grande pero más enferma.

Los detalles de las reducciones de personal son a menudo los secretos mejor guardados en un negocio (a excepción de esa cabeza hueca del personal - a menudo la persona de Ventas - que no puede resistir contar a la gente cuánto es que él sabe). Eso es completamente apropiado; todo el mundo sabe cuándo se aproxima una reducción de personal, y la anticipación pone a las personas tan terriblemente nerviosas que es cuando el rumor puede hacer parte de su trabajo más perverso. Pero en algún momento de los días previos al evento, puede encontrarse en una conversación en el pasillo o responder preguntas en una reunión de empleados, y alguien lo mirará directamente a los ojos y, con un ligero temblor en la voz, le preguntará: "¿va a haber un despido de personal?"

Antes de pensar cómo respondería, recuerde esto. Mientras que usted y sus compañeros han sido encerrados en la sala de conferencias para decidir quién está en La Lista y quién no, el resto de los empleados han estado despiertos por la noche preguntándose cómo, en nombre de Dios, van a sobrevivir si pierden sus trabajos.

Ahora, la confirmación de que un despido de personal es inminente puede incitar a algunas personas a dar algunos pasos desagradables en lo que creen que salvará sus empleos. Algunas personas tendrán "una lesión". Algunas personas presentarán una alegación de comportamiento no ético para obtener la protección de los denunciantes. Algunas personas pueden darse cuenta de que su número está arriba, y harán algún acto de sabotaje en venganza. Tenga cuidado con esas contingencias.

Pero hay una consideración aún más importante. La capacidad de una empresa para sobrevivir a una reducción de personal exige la confianza de las personas en la gestión.

Y la gente considera al líder de Recursos Humanos como la personificación de la integridad de la organización, en muchos casos en un grado incluso mayor que el Presidente. Por lo tanto, este no es el momento para que usted dé una de esas respuestas de engañosas que comienzan con: "Bueno, estamos sopesando todas las opciones y continuamos evaluándolas a la luz de lo que es mejor para la viabilidad de Organización a largo plazo…"

Por el amor de Dios, no les dé esa porquería en un momento como ése. Y si va a mentir y decir que la decisión no se ha tomado cuando está bastante bien, vaya a buscar otro trabajo, porque simplemente ha perdido su credibilidad. A pesar de todos los riesgos, si alguien le hace esa pregunta directa, sólo puede dar una respuesta: "Lo siento, pero sí".

Entrenamiento

Elegir a un tercero para impartir su capacitación de liderazgo es una de las decisiones más críticas que puede tomar un líder de recursos humanos. No es tanto porque son la clave para el futuro de su empresa, sino porque sólo se dará cuenta si ha tomado una buena decisión después de que su organización haya gastado grandes cantidades de dinero y haya consumido grandes cantidades de tiempo de su gente clave en las aulas. . Si va a hacer que la capacitación en liderazgo sea una inversión efectiva para su organización, aquí hay algunas cosas que debe tener en cuenta.

Los consultores en capacitación quieren considerarse a sí mismos como expertos cuyas carpetas de 4 colores envueltas en celofán convertirán a sus supervisores de ojos soñolientos en una legión de Julio César. Lo cual no harán, al menos no por su cuenta.

El entrenamiento no es polvo mágico de duendes. Puede comprar un hechizo mágico en Walt Disney World - tiene la foto de Campanita. ¿Pero sabe qué? Sigue estando estampado con papel aluminio. Si incluso Walt Disney no puede crear verdadero polvo mágico de duendes, tampoco lo pueden hacer los proveedores de capacitación. Apuesto a que lo sabe;

también apuesto a que su liderazgo sénior no lo ha pensado mucho.

La decisión de impartir capacitación en liderazgo es sólo una de las dos decisiones necesarias que toma una empresa. La segunda es cómo su empresa va a respaldar el contenido que entrega el capacitador. Esos expertos saben lo que hay en sus carpetas, pero no conocen su negocio. Eso significa que sus líderes sénior - no sólo usted - necesitan quitarles el celofán a algunas de esas carpetas y decidir cómo se va a admitir el contenido una vez que se haya entregado. Y si el liderazgo superior no va a hacer las cosas como dicen los materiales de capacitación, entonces necesita obtener otro proveedor de capacitación o comenzar a sacar páginas de las carpetas, y los expertos autoproclamados serán condenados.

Todos dicen: "Escuchamos a nuestros clientes. No somos vendedores ambulantes, quienes les dicen a los clientes que la solución a todos sus problemas es un martillo". Luego, proceden a venderle un martillo, porque los martillos siguen siendo lo que venden. La capacitación en liderazgo es a menudo necesaria, pero a menudo su organización realmente necesita un desarrollo de liderazgo. No empiece a abogar hasta que esté seguro de la diferencia y que su organización realmente necesita, o se arriesgará a cometer un error muy costoso y perjudicial para su credibilidad.

*

Las Leyes de Barry

Además de la idoneidad del contenido para su organización y el compromisoprincipal de su liderazgo de reforzar el contenido una vez que se lo entrega, el otro problema es sólo la eficacia del contenido, es decir, si el contenido se transfiere a cambios de comportamiento reales fuera del aula. Puede trabajar a través de la montaña de teorización sobre este tema en su tiempo libre, pero como introducción, me gustaría ofrecerle Las Dos Leyes de la Transferencia de Habilidades de Barry:

1) Lo verdadero no es tan importante como lo útil, y
2) Lo útil siempre es inversamente proporcional a la cantidad de geometría utilizada.

Empecemos con la primera. Muchos programas de capacitación en liderazgo dedican tiempo a enseñar teorías de motivación. Bien; buena idea. Si ayuda a los gerentes a comprender por qué las personas hacen lo que hacen, esos gerentes pueden aplicar esa comprensión para ayudar a las personas a ser más efectivas en el trabajo. Pero la introducción de una teoría por sí sola, incluso la que su proveedor de capacitación considera como La Única o como la verdadera, no es necesariamente útil si no presenta formas claras y sencillas de aplicarla. Por ejemplo, la construcción de la conciencia de Freud como ello, yo y superyó puede ser "verdadera", pero si se aplica esa teoría, su supervisor de la tienda tendría que responder a la falta de un empleado de usar sus lentes de seguridad programando sesiones de una hora, cada semana, durante seis meses para discutir por qué odia a su madre, dudo que su empleador (o el supervisor) consideren todo eso como una inversión de tiempo que valga la pena. Afortunadamente para todos los involucrados, el modelo de Freud no se considera realmente "verdadero" en estos días. Pero incluso si lo fuera, no valdría la pena enseñar en un programa de capacitación en liderazgo, ya que no brinda a los líderes enfoques útiles para abordar los problemas de los empleados o construir un equipo de alto rendimiento.

Para usar un ejemplo más sustantivo: en mi humilde opinión, creo que la teoría revisada de la expectativa de Vroom está realmente enfocada en algo, pero nunca la presentaría a un grupo de gerentes y supervisores. Para las personas que tienen otras cosas en las que pensar - como la forma en que la empresa ganará el dinero *que paga mi salario*- se necesita mucho tiempo para explicarlo y, una vez que se explica, cómo aplicarlo no es tan obvio. La verdad es buena; la utilidad es mejor.

Entonces, ¿cómo puede decir que un tema, aunque sea verdadero, será útil para una audiencia? Ahí es donde la Segunda Ley de Barry puede servir de guía. He pasado por mi parte de enfoques de capacitación en liderazgo, y he encontrado que un concepto que probablemente sea demasiado complejo para ser aplicado; generalmente se presenta con una tabla o diapositiva con texto en recuadros dentro de círculos y flechas que apuntan por todas partes. Un proceso iterativo representado por cuadros de texto conectados por flechas que giran en círculo es bastante fácil de transmitir. Así es un concepto secuencial con cuadros de texto que apuntan de uno a otro.

Un gráfico de 4 cuadrantes no es tan malo, pero haga esa explicación rápidamente. El círculo de texto rodeado de cuadros y una línea ondulada que parece una doble hélice con la descripción en negrita y... bueno, estoy seguro de que obtuvo su PhD, pero no es probable que sea la herramienta que ayude a los gerentes a liderar su gente con mayor eficacia. Cuanta más geometría se necesita para que un instructor transmita un concepto, es menos probable que ese concepto vea alguna aplicación en el mundo real.

Aquí voy a destacar un ejemplo que probablemente se convertirá en una pequeña perorata. Pregunte a los líderes empresariales sobre los teóricos de la motivación humana de los que han oído hablar, y lo más probable es que no hayan podido identificar a MacGregor, o Taylor, o Herzberg, o Vroom. Pero la mayoría, si no todos, han oído hablar de Abraham Maslow y han visto su pirámide llamada la Jerarquía de las Necesidades. Si tiene la suerte de no habérselo encontrado, no voy a perder su tiempo aquí explicándolo; Es bastante fácil de encontrar en Internet. Por mi vida, no puedo entender por qué los entrenadores siguen recurriendo a ese aceite de serpiente en un gráfico de pared. Si lo ve en la carpeta de cuatro colores de un vendedor ambulante, ciérrelo, entrégueselo y dígale muchas gracias, pero está buscando material desarrollado por personas con algo que realmente valga la pena enseñar.

En primer lugar, obviamente no explica nada sobre la motivación humana en el planeta Tierra. La Madre Teresa y Mahatma Gandhi fueron probablemente dos de las personas más autorrealizadas de todos los tiempos, y digamos que ninguna de ellas dedicó mucho esfuerzo a satisfacer sus necesidades fisiológicas o de seguridad. De hecho, probablemente habrían dicho que era exactamente por eso que lograron su autorrelización.

No sólo no es verdadera la Jerarquía de Maslow; tampoco es útil. He ayudado a los gerentes a lidiar con más de mil setecientos problemas de empleados, y al escuchar su análisis de un problema de empleados, nunca - ni *una sola vez*, (¿entiende que quiero decir ni una sola vez?) - He oído a uno de ellos decir: "... y luego me vino a la mente la Jerarquía de Necesidades de Maslow, y pensé, '¡espera un minuto! Es obvio que sus necesidades materiales no satisfechas; están inhibiendo su capacidad para lograr la autorrealización. ¡No me sorprende que no venga a trabajar a tiempo!'". Voy a arriesgarme aquí y le diré que lo mismo es cierto para usted, también. Incluso si un entrenador realmente cree que la pirámide es verdadera, nadie ha explicado de manera plausible lo que él o ella espera que un gerente haga con eso.

En cuanto a la geometría, el problema no es que una pirámide apilada sea demasiado compleja; es sólo que incluso sus defensores reconocen tantas excepciones que hace mucho que dejó de representar la teoría.

Entonces, si desea capacitar a los gerentes sobre la motivación, prefiero simplemente decirles que el comportamiento es una función de sus consecuencias; por qué la gente hace algo depende de lo que sucede cuando lo hacen. Alguien observó una vez que el concepto es casi pavolviano. Tal vez lo sea; ¿y qué? No necesita un gráfico en la pared de rombos dentro de un círculo para explicarlo, es fácil de aplicar y hará que sus gerentes superen el 80% de todos los desafíos de liderazgo que encontrarán. En cuanto a ese otro 20%, bueno, esa es otra razón por la que lo tienen a usted cerca.

*

Cuando los gerentes hablan de la tienda después de las horas y el líder de Recursos Humanos no está cerca, sospecho que muchos de ellos hablan sobre cómo se atarían a sus seis tiradores metafóricos y se desharían de la Ciudad Esquiva que es su departamento de personal descontento y de bajo rendimiento, si no fuera por ese pelele burocrático, el alguacil de Recursos Humanos, y toda su charla débil sobre "políticas", "Justicia" y "Ley".

Probablemente eso sea cierto para un cierto número de ellos (especialmente la mayoría de los Presidentes de negocios o de operaciones, que generalmente no son las personas más pacientes); pero si se acercaban a la mesa donde se reunía la gente de Recursos Humanos, escuchaban historias de líderes de Recursos Humanos que tenían que arrastrar a los gerentes a esa calle, a poner sus estrellas de hojalata en sus pechos, y forzar el arma en sus manos inciertas y temblorosas.

¿Por qué hay tantos gerentes tan reacios a enfrentar a sus propios empleados problemáticos? A veces es porque son los débiles. También puede deberse a que no ha creado un manual de políticas y un proceso de capacitación de desempeño claros (en cuyo caso, ¡deje su bebida y vuelva al trabajo!). Pero la mayoría de las veces, es porque esos gerentes simplemente no conocen su terreno. Todos los días van al trabajo con sus cabezas llenas de esos titulares lunáticos sobre colosales acuerdos relacionados con el empleo, y si no comprenden el entorno legal en el que lideran a las personas, pueden temer insistir en que se cumpla una fecha límite. por temor a provocar una demanda que les costará sus trabajos o los encarcelará.
Ahí es donde creo que la formación en derecho laboral va muy lejos.

Con demasiada frecuencia, capacitamos a los gerentes en hostigamiento o discriminación con el fin de evitar un problema; lo hacemos porque no queremos que arruinen algo (y seamos sinceros; a menudo se hace para que la empresa pueda distanciarse del gerente problemático). Pero si les brindamos una base más amplia en el panorama de la legislación laboral, los estamos ayudando a encontrar la confianza que necesitan para alcanzar sus estrellas.

Evaluaciones de Desempeño

Evaluar o No Evaluar

En los últimos años, algunas personas han argumentado con vehemencia contra las evaluaciones de desempeño. En algunos casos, "con vehemencia" es una palabra demasiado débil; una mejor opción podría ser "con rabia". Es cierto que nada menos que W. Edwards Deming dijo que son una completa pérdida de tiempo; pero al leer lo que algunos de los Grandes Pensadores de hoy dicen sobre ellas, podría pasar por su mente que las evaluaciones de desempeño están reduciendo a los empleados y gerentes a una masa traumatizada. "¡Las encuestas muestran que tanto los empleados como los gerentes las ODIAN!" (Me pregunto qué muestran las encuestas sobre las actitudes de los empleados y gerentes para completar las solicitudes de compra). "¡NADA crea más ansiedad en las organizaciones que evaluaciones de desempeño!" (¿De Verdad? ¿Alguna vez ha pasado por una adquisición?) "¡Deshágase de ellas antes de que DESTRUYAN LA CULTURA DE SU EMPRESA!"Dios mío, ¿es esto un proceso de gestión o una invasión del espacio exterior?

Bueno, una vez que hayamos terminado de respirar en la bolsa de papel marrón, me gustaría expresar mi desacuerdo. Por supuesto, hacer cuantificaciones y comparaciones sobre una abstracción como el rendimiento es, digamos, inherentemente problemático. Esa realidad sería más fácil de aceptar si a menudo no fuera tan terriblemente consecuente con las carreras de las personas. Cualquier gerente que se la tome en serio dirá que es una de sus responsabilidades más difíciles.

Pero la gente necesita saber cómo les está yendo. Los artistas exitosos deben ser confirmados en lo que están haciendo bien para que continúen haciéndolo. Los que tienen menos éxito tienen que entender la brecha entre lo que están entregando y las expectativas de la compañía. Todos quieren la buena opinión de su empleador. Si están dispuestos a hacer lo que sea necesario para ganarla es una pregunta diferente; pero al menos, las personas merecen saber si tienen lo requerido o no. Aquí es donde los abolicionistas lloran, "¡pero la retroalimentación debe ser continua y en tiempo real!" Pero la mayoría de las personas que trabajan aquí en el planeta Tierra les dirán a los abolicionistas que eso casi nunca sucede.

Y los empleados no son los únicos que necesitan esta información. Las organizaciones necesitan saber quién se promueve y quién se queda en el lugar, quién recibe el gran aumento y quién no, quién se queda y quién se va. Los líderes de la compañía deben proporcionar esas respuestas, y sólo porque eso no sea popular no significa que no sea necesario. Hasta que los Grandes Pensadores hiperventilados puedan decirnos cómo abordar esas necesidades, no sé cómo hacerlo más que con un instrumento de evaluación de desempeño bien diseñado, respaldado por una capacitación sólida.

¿Quién exactamente está haciendo todo este temblor y escándalo de las evaluaciones de desempeño? No lo escucho de los jugadores "A" (a menos que estén sujetos al juicio de un administrador de jugadores "B" o "C", en cuyo caso el problema es de administración, no del proceso de evaluación). En realidad, generalmente se deja para los jugadores "B" y "C", a quienes no les gusta que se les confirme en su mediocridad. En el mundo hiper-igualitario de hoy, todos son especiales, para algunas personas es bastante desconcertante darse cuenta de que entregar un trabajo "aceptable" con un mínimo esfuerzo año tras año no genera grandes aumentos. Pero dicho esto, para todos los gestos y lamentos por parte de algunos gerentes, la mayoría de la gente agradece sinceramente recibir una evaluación de desempeño sincera y profesional, incluso cuando no sea entusiasta.

Creo que la principal objeción a las evaluaciones de desempeño es una cuestión de bebés y agua de baño. Tantos instrumentos de evaluación son poco más que listas de dimensiones de rendimiento que no tienen más definición que sus escalas de calificación asociadas. La falta de claridad puede resultar en algunas conversaciones que, para alguien que escucha, pueden sonar más que un poco tontas. "Caramba, Mary, ¡hace dos meses que hice todo ese trabajo duro a tiempo! Yo diría que soy un 4 para el Compromiso". "Lo sé Hal, pero llegaste tarde con estas otras cosas. Yo diría que es 3". Entonces Mary tiene que decidir si Hal"es un número u otro", y para una dimensión de desempeño que requiere que mire dentro de su cabeza. Con tan poca orientación para tomar decisiones tan importantes, no es de extrañar que las personas se pongan un poco nerviosas.

Muchas empresas se ven afectadas por procesos de evaluación mal diseñados e implementados, pero en cuanto a concepto y práctica, hay pocos errores inherentes a ellos que no se pueden arreglar. Necesita instrumentos diseñados cuidadosamente que se alineen con las expectativas de la empresa y las necesidades de capacitación identificadas, un proceso integrado con procesos de administración de desempeño decente y gerentes capacitados en los principios de administración de buen desempeño, que ponen sus pantalones de niño grande y entregan la verdad honesta.

Ahora, si usted o su organización no están dispuestos a hacer el esfuerzo necesario para ofrecer un proceso sólido, es cuando le digo que no lo haga en absoluto. Cuando los instrumentos de evaluación no coinciden con el trabajo, o no ayudan a los gerentes a destilar lo que han observado en un juicio coherente y razonado sobre el desempeño de un empleado, dándole así a la empleada insatisfecha todo el material que necesita para exagerar un mensaje débilmente construido a partes pequeñas - *ahí* es cuando sólo obtiene angustia y una completa pérdida de tiempo. De hecho, es peor que no hacer nada.

Las evaluaciones mal hechas son cosas peligrosas con las que rellenar los archivos de los empleados. Una abogada laboral que conozco que defiende a los empleadores una vez me dijo que en la mitad de los casos que manejó, en los cuales las evaluaciones de desempeño fueron importantes, las evaluaciones perjudicaron el caso. O bien muestran un récord brillante cuando el empleador está tratando de justificar un despido por incompetencia, o contienen comentarios irreflexivos que pueden fundamentar las reclamaciones de sesgo ilegal. En lugar de ser los pesos que inclinan el balance de la decisión a favor del empleador, estas evaluaciones son hitos indefendibles que hunden el caso.

No está mal que una empresa le deje claro a un empleado que él o ella no lo está eliminando, incluso si ese mensaje genera ansiedad. El verdadero desafío que los líderes de Recursos Humanos deben abordar en su proceso de evaluación del desempeño es ayudar a los gerentes a mostrarles a los empleados cómo tener éxito - ayudar a un empleado a reconocer el problema, desarrollar un plan efectivo para corregirlo y seguir adelante con la ejecución del plan. Haga esas cosas, y tal vez todos puedan guardar sus bolsas de papel.

*

Voy a comenzar esto con un poco de perorata. Hace unos pocos párrafos, casi me zafo en dejarlo con una de las técnicas más infames que plaga a las personas como usted y yo que leemos a los Grandes Pensadores de Recursos Humanos. Busque orientación sobre cómo construir un buen instrumento de evaluación de desempeño, y la mayoría de lo que encuentra son artículos con títulos como "Los Seis Grandes Errores en las Evaluaciones de Desempeño" o "No Permita que Estos Errores

Ensucien su Proceso de Evaluación de Desempeño". La forma más fácil para que alguien elabore un artículo publicable sobre cualquier tema con el menor esfuerzo posible es recordarle al mundo lo que no debe hacer. (Realice la misma búsqueda de pago por desempeño y obtendrá los mismos resultados). Supongo que esos artículos hacen que sus autores obtengan notoriedad, pero ese es el único propósito al que sirven. Estamos buscando soluciones; los Grandes Pensadores que buscan atención con sus artículos de "¡Evite esto!", y los hacen ver como realmente útiles, no están prestando más servicio que vender veneno de serpiente. Y arrojando una cierta tontería sobre lo obvio no hace que su mezcla sea más valiosa.

¿Realmente amplié su conocimiento hace tres párrafos al decirle que necesita "instrumentos de evaluación cuidadosamente diseñados"?Por favor.

Así que ahora espero redimirme ante sus ojos explicando cuál creo que es el mejor enfoque para desarrollar un buen instrumento de evaluación de desempeño. Es sobre todo una síntesis de diferentes ejemplos y pensamientos que he recogido, pero hay algunas contribuciones que he hecho después de años de prueba y error.

Primero, necesita identificar sus factores de desempeño. La mejor manera de resolverlo es encontrar las dimensiones comunes agrupando todos sus trabajos en estratos lógicos. Por lo general, me gustan tres - por ejemplo, empleados Operativos (sus productores directos/proveedores de servicios), Administrativos/Profesionales y de Liderazgo. Sí, evaluar a los empleados administrativos y profesionales con los mismos criterios es una agrupación problemática, pero a mi juicio, la diferencia entre tres y cuatro niveles es una alternativa demasiado compleja, especialmente para las organizaciones más pequeñas. Cada estrato puede tener muchos factores, pero cada nivel debe tener el mismo número de factores.

Me gusta una escala de calificación de cinco puntos para cada factor porque ofrece el mejor equilibrio entre la simplicidad en el sistema y la oportunidad de hacer distinciones significativas en el rendimiento. Además, se correlaciona mejor con la curva de campana, que sigue siendo la forma más útil de conceptualizar el rendimiento, tan útil que no vale la pena preocuparse si es empíricamente cierto. La gente puede *entenderlo*. (¡Tenga en cuenta que satisface las dos Leyes de Barry Sobre la Capacitación en Liderazgo!)

Creo que la mayor parte de la controversia en torno a la validez y utilidad de la curva de campana proviene de la falta de reconocimiento de que hay dos formas de pensar acerca de una distribución normal, que no necesariamente se superponen. En general, podemos aceptar que, si traza el rendimiento de un grupo de personas de tamaño suficiente, la distribución *cuantitativa* será una curva de campana. Pero si el rendimiento es *cualitativamente* idéntico es una cuestión de sus estándares.

Ahora, antes de seguir adelante, he aquí mi opinión sobre cómo aplicar el concepto de la curva de campana en el nivel de los factores de rendimiento. El vértice de la curva es, por supuesto, la calificación de "3", los extremos de la curva son el "5" (mejor) y "1" (el peor), y a medio camino entre los extremos y el vértice son los respectivos "4" y "2". La calificación de "3"es la calidad promedio de desempeño desde el punto de vista de una distribución numérica; sin embargo, eso no se traduce en un nivel "promedio" de rendimiento - o al menos, mejor no.

Como la mayoría de los empleados deben alcanzar los estándares de su organización, "3" debe ser el estándar de desempeño para tener éxito en el trabajo. Es por eso que no creo que "3" equivalga a "Cumple con las expectativas", ya que sería más un "Promedio:"… "Completamente exitoso" debe ser la traducción adecuada. Significa que, en este sentido, el empleado está haciendo el trabajo de la manera que debería hacerse. No sólo es más preciso, sino que elimina el estigma que "3" a menudo lleva a la mente de los empleados de que su desempeño no se valora. También disminuye la presión que muchos gerentes sienten por rellenar las calificaciones de un empleado para evitar desmoralizarlo.

La calificación de "4" significa "Supera las expectativas". Esta es la calificación de los empleados cuyo trabajo en un aspecto particular del desempeño es realmente un salto adelante. "2" significa "No cumple con las expectativas". Se debe esperar que un gerente que otorgue esta calificación realice un seguimiento de la evaluación con algún tipo de entrenamiento correctivo para cerrar la brecha entre las expectativas de la empresa y el desempeño del empleado.

Sus gerentes deben pensar que el "5" ("Sobresaliente") y el "1" ("Mejora inmediata requerida") están reservados para el 2% superior e inferior. Por supuesto, no sabrán la distribución real de dichas calificaciones; pero deben comprender que esas dos clasificaciones se encuentran en los extremos del espectro, ya que sólo se deben usar con moderación. Calificar a alguien con un "5" debería significar que el desempeño de la persona es lo que vería uno o dos niveles por encima de ellos, o que rara vez se exhibe en este grado en el negocio. También podría significar que una persona ha logrado los resultados"4" a pesar de algunas circunstancias particularmente difíciles. Un "1" significa que el desempeño es tan inaceptable que pone en peligro la permanencia de la persona en el negocio si no se corrige.

Los gerentes deben pensar en "5" y "1" como señales de bengalas enviadas a la administración superior, que llaman la atención a los empleados excepcionales o con problemas serios. Esas calificaciones atraerán la atención en las revisiones de una sola vez, por lo que es mejor que los gerentes no las estén disparando sin una buena razón.

Con esa comprensión de la curva de campana en mente, pasemos al diseño del instrumento de evaluación. Determinar los factores de desempeño apropiados para los trabajos en su organización requiere una reflexión real y cuidadosa. El Conocimiento del Trabajo, la Calidad del Trabajo y la Cantidad de Trabajo son bastante populares, para empezar. Las métricas clave y las competencias de comportamiento o liderazgo de su empresa, si las tiene, son buenos lugares para comenzar. No usaría más de diez; de hecho, he encontrado que nueve tiende a ser lo perfecto.

Independientemente de los factores en los que se establezca, no puede simplemente dibujar una línea para la calificación al lado de cada uno y comenzar a pasar el formulario. Así es como los gerentes y los empleados terminan en esos argumentos absurdos acerca de "ser un 4" en lugar de "ser un 3" sin un marco de referencia común para justificar sus posiciones respectivas (en discusiones que se supone que son sobre desempeño y no números, recordemos esto). Debe proporcionar ese marco de referencia común y hacerlo mediante una explicación de cada calificación para cada factor.

Una definición de calificación útil se ajusta a dos criterios: uno, se basa en la evidencia que puede percibir con sus ojos u oídos (un comportamiento), tocar con su mano (un resultado tangible) o encontrar en la línea inferior (un resultado cuantificable). Dos, se traduce en algo de valor medible para la organización.

Una vez me topé con una definición de calificación para un factor de desempeño del Servicio al Cliente, que dice "sigue siendo consciente de los estándares de la compañía al interactuar con los clientes". Esto es perfectamente horrible por dos razones. Por un lado, se requiere que un gerente sea un lector mental, lo cual no está en la descripción del trabajo de nadie porque es imposible. Por otra parte, ¿a quién le importa acerca de lo que un empleado es o no es consciente? Los empleados no son pagados por lo que piensan; Se les paga por lo que entregan. Supongamos que un empleado obtiene una calificación baja en Servicio al Cliente porque perdió la paciencia con un cliente. "Pero", dice el volcán humano, "sabía que estaba violando las pautas de la compañía sobre el Servicio al Cliente todo el tiempo, ¡así que cumplí con el estándar!" Tal vez él merece una capacitación en manejo de la ira; pero de acuerdo con la evaluación, también merece un 3 para Servicio al Cliente (Buen trabajo en el formulario, Recursos Humanos).

Del mismo modo, no me gustan las definiciones o descripciones de los factores de desempeño que comienzan, "Habilidad para..." Mi hija tiene el talento para ser una pianista muy buena, pero no practicó lo suficiente y finalmente abandonó el instrumento. Entonces, sea cual sea su habilidad, no puedo decir que mi hija es una buena pianista (¡aunque todavía la quiero mucho!).

Las evaluaciones de desempeño no son evaluaciones de habilidades; son evaluaciones de la aplicación de las habilidades de uno. No se trata de lo que uno *podría* hacer, sino de lo que uno *hizo*.

Así que, con todo eso en mente, construyamos un factor de desempeño. El Conocimiento del Trabajo es bastante popular, así que vamos con eso. El primer paso es desarrollar una definición de lo que queremos evaluar cuando usamos el término "conocimiento del trabajo". Pero desde el principio, debemos notar que este factor plantea dos preguntas: ¿cómo vamos a evaluar lo que hay en la cabeza un empleado? Y, ¿por qué queremos evaluar lo que está en la cabeza de un empleado? Podríamos responder a la primera pregunta aplicando pruebas; pero no sólo sería un dolor que tomaría mucho tiempo, sino que no abordaría la segunda pregunta. Los empleadores no deben valorar la mera posesión de conocimiento del trabajo; Debemos valorar su aplicación. Entonces, esto es lo que consideraría una buena definición del factor de desempeño: "Aplica el conocimiento apropiado para los requisitos del trabajo".

A continuación, queremos definir las calificaciones: a qué nos referimos cuando calificamos a alguien con 2 o con 4. Idealmente, el lugar para comenzar es en la calificación 3, o para definir qué es "Totalmente Exitoso", pero debo decirle que este es el ejercicio intelectual más difícil que he realizado en mi carrera de RR. HH., por lo que si una buena definición para una calificación diferente le viene a la mente, entonces, por supuesto, comience por allí.

Tenga en cuenta que queremos poder evaluar la aplicación del conocimiento del trabajo con evidencia observable y verificable. Entonces, ¿qué podríamos considerar como evidencia de que alguien tiene el conocimiento que necesita para hacer el trabajo? ¿Qué tal esto? Si una empleada sabe lo que necesita saber, puede hacer el trabajo sin cometer muchos errores, tener que hacer muchas preguntas o investigar mucho. Puede ver o contener errores, o encontrarlos en la línea inferior; puede ver o escuchar a un empleado hacer preguntas o buscar respuestas. Por lo tanto, una buena definición de desempeño exitoso sería algo así como: "Cumple todas las expectativas del trabajo con errores mínimos y requiere preguntas mínimas de los compañeros de trabajo". Si ella puede hacer su trabajo correctamente sin tener que pedir ayuda a los compañeros de trabajo, esa es una buena evidencia de que ella tiene el conocimiento del trabajo que la organización está buscando.

Continuando en la misma línea, aquí está cómo se verían las cinco definiciones de calificación:

5 - Ha sido plasmado en una publicación profesional reconocida; ha tomado el papel principal en el desarrollo de materiales de capacitación; o es el reconocido como la "persona que lo sabe todo" para un tema técnico (no un proceso de negocios).

Tener más de un tipo de evidencia aceptable para una calificación es una buena manera de ayudar a las personas a obtenerla. Sin embargo, no debería haber muchos de estos en su organización, pero así es como debería ser. Recuerde, los 5 son para su 2% superior en un factor dado. Pero antes de ir pegando esta definición en todas sus evaluaciones de desempeño, piense en su aplicabilidad a todos los niveles de su organización. Si un Ingeniero en particular es el único de su disciplina en la organización, ¿obtiene esta calificación no tanto por desempeño como por defecto? La respuesta puede ser sí, si lo piensa bien; pero rechazaría ese razonamiento para las personas en la cima como el líder de recursos humanos. Le están pagando por ser la persona que lo sabe todo.

4 - Responde con frecuencia preguntas de compañeros de trabajo y subordinados y/o entregó al menos una sesión de capacitación el año pasado.

Esta calificación es para la persona que está haciendo un esfuerzo adicional para compartir su conocimiento con otros en la organización.

3 - Cumple todas las expectativas de trabajo que requieren preguntas mínimas de los compañeros de trabajo.

Hablamos de esto antes. Ayudar a que los nuevos empleados se aclimaten es probable que se encuentre dentro de los límites de esta calificación.

2 - Requiere la dirección frecuente o repetida de los gerentes o compañeros de trabajo para cumplir con las expectativas laborales.

Si un empleado necesita mucha ayuda de otros para realizar el trabajo, eso indica que el gerente necesita algún tipo de intervención. Por supuesto, esto puede no ser una calificación justa para la nueva persona a la que no se podría esperar que desempeñe lo contrario.

1 - Requiere la dirección frecuente o repetida de los gerentes o compañeros de trabajo para cumplir con las expectativas laborales después de haber recibido una nueva capacitación adicional.

Esta calificación le dice al empleado: "ha tenido un problema para entender el trabajo, hemos invertido recursos adicionales para ayudarlo y todavía no lo está obteniendo. Si usted no puede arreglar esto, su trabajo está en la línea".

No todos los trabajos merecen la misma oportunidad de obtener la puntuación más alta por cada factor de rendimiento. La oportunidad de obtener una calificación de 5 en el factor de Conocimiento del Trabajo no tiene sentido para la persona que limpia los pisos por la noche. Por lo tanto, en algunas evaluaciones, algunos factores ni siquiera deben tener una calificación de "5" en el formulario. Si la administración no puede imaginar lo que considera un rendimiento superior en un determinado trabajo, dejar una calificación de "5" activada por simetría en el formulario es bastante imprudente.

Tenga en cuenta que cada una de estas definiciones se basa en evidencia, pero no en métricas. No requieren que el gerente haga un seguimiento de la cantidad de preguntas relacionadas con el trabajo que hace cada subordinado, con una escala de cuántas preguntas se vuelven "frecuentes" o algún ejercicio similar sin valor. Lo que este enfoque requiere es que los gerentes presten atención a lo que hace su gente y apliquen su buen juicio. Eso es lo que los empleados merecen. También es tanto como los empleados tienen derecho a insistir.

Si el repaso a través de definiciones para cada calificación para cada factor de desempeño para cada evaluación de desempeño suena difícil, tómelo de mí: lo es. El único consejo que puedo darle sobre cómo hacerlo de manera efectiva es escribir un borrador de todos ellos antes de formar un comité para revisarlos; tratar de hacer que un grupo produzca esto desde cero, no es un uso productivo del tiempo de todos. Pero el esfuerzo paga enormes beneficios. Permite a los gerentes y empleados discutir de manera sustancial las realidades de lo que se está y lo que no se está haciendo y lo que realmente importa, en lugar de discutir sobre cómo cuantificar las abstracciones como el desempeño.

Las definiciones claras de los grados de desempeño para un factor dado reducen la necesidad de que los gerentes superen las calificaciones. Y cuando haya hecho todo el trabajo duro desde el principio, capacitar a los gerentes para evaluar el desempeño requiere mucho menos esfuerzo. Sin embargo, lo mejor de todo es que este enfoque ayuda a los empleados a tener éxito al mostrarles claramente lo que la organización valora.

Una vez que haya agrupado sus trabajos en clasificaciones que usarán formularios de evaluación similares, y haya definido sus factores de desempeño y calificaciones, hay un paso más. No todos los factores de rendimiento tendrán la misma importancia para cada trabajo, incluso para aquellos que usan la misma evaluación. Así que desarrolle una escala estándar para ponderar los diferentes factores. No corte las ponderaciones demasiado finas; Si estoy usando nueve factores para una evaluación de desempeño, me gusta ponderar dos factores en tres, un factor en uno y los cinco restantes en dos. Permita que los gerentes ponderen los factores de la manera que consideren apropiada, siempre que sean los mismos para todos los empleados con el mismo título de trabajo.

Para completar el formulario de evaluación, los gerentes multiplican la ponderación del factor multiplicando su calificación por el factor para obtener una puntuación de factor, y suman las puntuaciones de factor para la puntuación de evaluación. Luego, una vez que haya terminado de azotar a todos sus gerentes para que terminen a tiempo, tiene un último paso: una revisión de uno a uno.

Su objetivo es normalizar las puntuaciones tanto como sea posible en toda la organización. Usted quiere que cada empleado se encuentre en su lugar adecuado en la curva de campana. En muchas compañías, el gerente de un gerente hace una revisión de las evaluaciones de desempeño que ha completado para garantizar que se realicen de manera consistente en toda la organización. Recomiendo que se haga a un nivel tan alto en la organización como sea práctico, y con una alta participación de RR. HH., para que la organización pueda obtener una visión tan amplia del proceso de calificación como sea posible, y comunicarse con los gerentes como una visión más amplia como sea posible de cómo la organización ve diferentes factores de desempeño y definiciones de calificación. Incluso después de la capacitación, los gerentes de buena voluntad todavía pueden calificar a su gente demasiado baja o demasiado alta en comparación con sus pares, y contrariamente a la intención de la organización. Revisiones de una sola vez son un chequeo interno de la organización.

Cuando esté realizando revisiones de una sola vez, céntrese principalmente en las que se encuentran en los extremos de la curva de campana. Pida a los gerentes la evidencia que usaron para dar esos 5 o 2. ¿Es esto lo que la empresa tenía en mente? ¿Es consistente con lo que están haciendo los compañeros de los gerentes? No tiene que pasar por todas las personas, pero no le dolerá, especialmente en los primeros años de uso de este proceso.

Así que probablemente se estará preguntando: ¿Qué hago con todas estas puntuaciones? La respuesta - ¡averiguar los aumentos, por supuesto! Ahora sabe cuál es mi opinión sobre esa otra gran controversia de Recursos Humanos sobre las evaluaciones de desempeño, ya sea que deban usarse únicamente con fines de desarrollo o también vinculadas a decisiones de compensación. Sospecho que la única razón por la que las personas comenzaron a avanzar en el argumento opuesto en primer lugar es otro subproducto de instrumentos de evaluación mal diseñados, que generan más calor en la forma de argumentos entre los gerentes y los empleados que la luz en forma de retroalimentación reflexiva sobre el desempeño.

Además, independientemente de si una compañía ha articulado una filosofía de pago por desempeño o no, tanto la gerencia como los empleados creen tácitamente que cuanto más contribuye uno, más debe ganar.

Entonces, si no va a dar aumentos en función del rendimiento, ¿sobre qué base lo hará? Trate de esparcir aumentos como la mantequilla de maní: lo mismo para todos - eso le da mediocridades satisfechas y estrellas insultadas. Si eso no es aceptable, volverá a pagar por el rendimiento; y no conozco una mejor manera de hacerlo que basarlo en un proceso de evaluación bien diseñado.

Pagando por Desempeño

(Se Recomienda Discreción al Lector)

Ahora voy a mostrarle cómo convierto los resultados del proceso de evaluación de desempeño descrito anteriormente en aumentos salariales para los empleados. Pero tengo que prefaciar esto con una advertencia: la discusión anterior sobre las evaluaciones de desempeño puede haberlo dejado cabeceando. La siguiente discusión de lo que he encontrado como la mejor manera de pagar por el rendimiento puede hacer que arroje este libro contra la pared, por lo que puede que desee tomar una respiración profunda antes de continuar (especialmente si está leyendo esto en formato electrónico).

Permítanme comenzar diciendo esto: al igual que todos los sistemas pueden ser burlados, también lo puede ser todo proceso de gestión que tiene ventajas y desventajas. El desafío para la administración es utilizar un proceso en el que las ventajas superen a las desventajas, y luego descubrir la mejor manera de minimizar esas desventajas.

Se me ocurrió el enfoque que voy a describir por mi cuenta. A medida que lo lea, no tengo dudas de que encontrará lo que considerará desventajas. Apuesto a que incluso estoy de acuerdo con sus puntos; simplemente creo que esas desventajas no superan sus ventajas.

Este proceso permite a los gerentes crear distinciones significativas en el pago basado en el rendimiento con un aumento limitado en el presupuesto (que es lo que la mayoría de las personas ha tenido durante los últimos años, y probablemente continuará teniendo); y proporciona una justificación directa y fácil de explicar para determinar los aumentos que es difícil para los empleados discutir. Yo diría que esas son fortalezas bastante buenas.

Sin embargo, se basa en la siguiente premisa: los aumentos anuales deben ser determinados por un proceso centralizado, no por gerentes individuales.

Si hago esa afirmación, es por dos razones; la primera es el interés superior de la empresa frente a la realidad de los recursos limitados. Como todos sabemos, el presupuesto de compensación anual es como un pastel, que la corporación coloca sobre la mesa y espera que varios gerentes se dividan para su gente sobre la base de su contribución al negocio. Es una propuesta de suma cero: los de alto rendimiento obtienen porciones más grandes de pastel que los de bajo rendimiento. Ahora, los gerentes pueden argumentar que sus trabajadores estrella merecen grandes porciones, y la alta gerencia podría estar de acuerdo con cada uno de sus argumentos; pero no importa el tamaño de la rebanada que alguien realmente merece, el hecho es que todavía hay mucho pastel para todos.

Siendo ese el caso, el resultado más deseable para el negocio en su conjunto no es que la estrella en Contabilidad obtenga una porción de gran tamaño y un ejecutante comparable en Envíos reciba una diferente; más bien, la corporación debería querer que los mejores empleados de la empresa reciban aumentos comparables, no idénticos, pero proporcionales de acuerdo con algún razonamiento coherente.

La segunda razón por la que estoy a favor de un proceso centralizado es que el proceso típico de presupuesto de compensación no puede recompensar a muchos de los que tienen un desempeño sólido en la forma en que la compañía quisiera. Muchas empresas comienzan con un aumento corporativo en el presupuesto, que pasan a los gerentes para repartirse entre su gente en proporción a la plantilla de su grupo. Un porcentaje es bastante común; si el presupuesto general es del 3%, cada gerente tiene un 3% para gastar. Dentro de algún tipo de pautas, los buenos empleados obtendrán más, y los más débiles obtendrán menos.

Ahora, si usted dirige un grupo de 50 personas, es posible dar a sus buenos empleados algunas subidas bastante buenas; su uno o dos más altos pueden obtener un 5%, y uno o dos más bajos obtendrán un 1%, o un número similar. Pero, ¿qué pasa si está dirigiendo un departamento de ocho personas? Si está haciendo su trabajo, no tiene vagos en su grupo que merecen aumentos del 1%. Entonces, ¿cómo premia a sus mejores empleados? Lo más probable es que tenga que hacerlo de la misma manera que recompensará a sus empleados más débiles. Todos obtendrán el mismo aumento. Puede tener una estrella en su grupo de ocho que es tan valioso para la organización como uno de los del grupo de 50; pero su estrella no puede obtener un aumento del 5% por ninguna otra razón que no sea el tamaño del grupo en el que trabaja.

Creo que una razón por la que las compañías hacen eso es porque creemos en el principio de que, dentro de las pautas, los gerentes deberían tener la capacidad de determinar las recompensas de su gente. Eso suena razonable en la superficie. Pero la capacidad de pago ya es la mayor limitación del poder de una organización para recompensar al talento; dividir esa capacidad aún más sólo aumenta la restricción. Entonces, en última instancia, se trata de recompensar a los empleados de manera competitiva en lugar de mantener una prerrogativa de administración. ¿Cuál de los dos resultará en el mayor aumento en el valor para los accionistas?

Aquí está el proceso que he desarrollado para lograr el primer objetivo. Una vez que haya terminado de normalizar todos sus puntajes de evaluación de desempeño, use MS Excel para agruparlos en cinco grupos de tales tamaños en los que puede trazar el conteo de cada grupo como un gráfico de líneas que le dará una curva de campana. Si no sabe cómo hacerlo, el gráfico de la función de Ayuda de Excel puede guiarlo a través del proceso. Esto puede tomar una buena cantidad de prueba y error para encontrar los puntos de corte entre los grupos que generarán una curva válida, es cuestión de seguir intentando.

Una vez que tenga sus grupos, construya una pequeña tabla en la parte superior izquierda de su hoja de trabajo. Cada fila en esta tabla muestra el rango de puntaje para un grupo, los salarios totales en el grupo, el porcentaje de aumento propuesto y la cantidad de aumento (% de aumento * salarios en el grupo). Luego sume todos los aumentos propuestos y reste esa cantidad de la cantidad total de su presupuesto para ver si está por encima o por debajo de donde necesita estar. Puede jugar con los porcentajes de aumento para cada grupo, de modo que se acerque lo más posible a su número de presupuesto (es posible que desee retener parte de ese presupuesto para que se distribuya a medida que aumente a lo largo del año presupuestario).

Luego, simplemente informe a los gerentes quién está obteniendo qué aumento, ¡y nos vemos el próximo año!

Es posible que haya deducido que los cortes entre grupos pueden parecer bastante arbitrarios; puede obtener 68 como la puntuación más alta para un grupo un año, y el próximo podría ser 64. No es arbitrario en absoluto; es el resultado de cómo la distribución de puntajes para un año determinado se ajusta al modelo.

Ahora, antes de que empiece a decir esto al Presidente de su compañía como la próxima gran iniciativa de recursos humanos que debe adoptar, una consideración clave es el tamaño de su organización. No soy lo suficientemente estadístico/científico del comportamiento para hablar con autoridad sobre esto, pero se necesita una masa crítica de empleados para representar las diferencias cualitativas entre los empleados en una curva de campana útil. Si la administración está haciendo un trabajo razonable de contratación y administración del desempeño, no creo que un grupo de 20 tenga una cantidad de problemas inútiles comparables a los destacados reales que justificarían disparidades sustanciales en los aumentos de compensación.

Claro, en un presupuesto de mérito del 3%, las estrellas podrían valer el 5%; ¿Pero eso significa que los de peor desempeño realmente merecen el 1%? Después de probar este proceso en diversas situaciones, diría que necesita al menos un grupo de 50 para que funcione de manera efectiva, y para grupos mayores de 750 comienza a ser difícil - es duro para cualquier persona supervisar la normalización de los puntajes de rendimiento para grupos más grandes que eso. Para organizaciones de 1000 o más empleados, creo que tendría más sentido desarrollar curvas para grupos de empleados.

Anteriormente mencioné que no estoy de acuerdo con quienes argumentan que el proceso de evaluación de desempeño debe estar separado de las decisiones de compensación; Como pueden ver, creo que deberían estar muy integrados. Pero para aquellos que eligen mantener la posición opuesta, creo que encontrarían este proceso muy atractivo. Mantiene la relación entre la evaluación del desempeño y la compensación; pero elimina la responsabilidad de la decisión de compensación del gerente.

Anteriormente describí lo que creo que son las fortalezas de este proceso, pero ésta es la que creo que es una de las más grandes; es muy difícil para los empleados discutir su aumento. Pueden estar en desacuerdo con los gerentes sobre sus calificaciones de evaluación de desempeño, como lo harán las personas; si el gerente está haciendo su trabajo, la respuesta de la compañía a ese empleado es que el gerente está actuando dentro del alcance legítimo de su juicio. Pero el aumento real está determinado por una función indiscutible de las matemáticas, una de las razones por las cuales los gerentes y empleados con los que he trabajado que han usado este proceso han reportado sólidos niveles de satisfacción con él.

Mis Nominaciones Para el Canon de Recursos Humanos

La lectura de libros de negocios es como la prospección. Puedes encontrar algunas pepitas preciosas que pueden cambiar tu vida, pero conseguirlas requiere interminables horas de análisis a través de un montón de cosas. Ciertamente, se están escribiendo libros reflexivos sobre recursos humanos (Dave Ulrich es un nombre que debería conocer); pero aquí hay cinco que, en mi humilde opinión, representan la veta de sabiduría de la madre en sus respectivos temas que creo que toda persona de recursos humanos debería leer.

- *The Effective Executive,* por Peter Drucker. Una lectura rápida que atornilla la cabeza del nuevo gerente en línea recta.
- *Hire With Your Head,* por Lou Adler. El mejor libro sobre contratación existente. El capítulo sobre Descripciones de resultados de posición vale el precio de todo el libro.
- *Discipline Without Punishment,* por Dick Grote. No hay muchos libros que pueda decir que sean realmente definitivos sobre cualquier tema, pero este realmente lo es. Es simplemente el único libro sobre disciplina que necesita leer.
- *How to Win Friends and Influence People,* por Dale Carnegie. No deje que el pelo blanco y las gafas graciosas

lo engañen; ese tipo escribió el que sigue siendo el mejor libro sobre liderazgo de todos los tiempos. Vuelva a leerlo cada tres años.

- *Good to Great* por Jim Collins. El mundo de los negocios apenas está comenzando a trabajar a través de las implicaciones de la investigación verdaderamente innovadora de Collins, y, en particular, RH aún tiene que pensar en las ramificaciones de sus conclusiones sobre el liderazgo.

Entrevistas y Reclutamiento

De todas las habilidades requeridas de un líder de recursos humanos, pocas son más críticas para el éxito en el papel que tener una capacidad superior para entrevistar. No lo digo por la importancia de seleccionar a las personas adecuadas para su organización. Lo digo porque la entrevista le enseña el arte de aprender de y sobre las personas: cómo formular una pregunta para obtener una respuesta sustantiva, cómo interpretar las respuestas verbales y físicas, cómo callarse y dejar que la persona hable, y luego cómo sintetizar sus datos en una predicción sobre un curso de acción. De todas las cosas en las que podría concentrarse en una etapa temprana de su carrera de RR. HH. que lo conducirían a la promoción, entre las más rentables se encontraría una gran cantidad de entrevistas. Hágalas en posiciones en todos los niveles de la organización; le brinda una visión invaluable de su población de empleados y de sus necesidades.

*

Ahora, para ayudarlo a convertirse en un entrevistador superior, le daré una verdad invaluable que no conoce y tendrá que digerir por un tiempo para entender realmente. ¿Listo?

No se necesita ninguna habilidad para identificar a un verdadero jugador superestrella en una entrevista. Esa persona dará a conocer sus capacidades al entrevistador, y no habrá mucho que nadie pueda hacer al respecto. De manera similar, no se necesita ninguna habilidad para identificar a la persona completamente inadecuada en una entrevista. Incluso mi hijo menor de edad podría determinar que no soy apto para ser biólogo. Si accidentalmente consigue a la persona adecuada, oa una persona realmente buena, usted gana. La verdadera habilidad para entrevistar radica en poder eliminar al candidato *casi* adecuado - la persona que tiene mucho de lo que la compañía está buscando, pero no todo. Esas son las personas que absorben todo el tiempo de su empresa con entrenamiento, disciplina y despido. El objetivo real de su proceso de entrevista debe ser eliminar lo que sea*casi*adecuado.

*

Los entrevistadores más experimentados tienen sus indicadores casi seguros de una buena o mala contratación. Aquí están los míos, comenzando con lo que llamo las Banderas Rojas. Si uno de ellos está saludando ondeando la mano, es probable que sea el momento de finalizar cortésmente la entrevista y enviar al candidato a la puerta por un buen momento:

- No tiene sentido del humor. Honestamente, si no puedo hacer que alguien se ría, no quiero trabajar con ella.
- Jactancia.
- Líderes que no reconocen los esfuerzos del equipo.
- Hablar mal de un empleador o supervisor actual/anterior.

- Llegar tarde.
- Explicaciones extrañas para decisiones importantes de la vida.
- No se responsabiliza por las fallas.
- Y la bandera roja número uno: Incapacidad para fundamentar una declaración. Una candidata a un puesto de liderazgo me dijo que su mayor fortaleza de liderazgo era su capacidad para desarrollar personal. Yo respondí: "Eso es genial. Entonces, cuénteme sobre su mayor historia de éxito con el desarrollo de un miembro del personal". Ella respondió contándome sobre su firme convicción en la importancia de desarrollar miembros del equipo. Le dije: "No podría estar más de acuerdo. Entonces, cuénteme sobre la carrera de su protegido más exitoso". Nuevamente, más sobre la visión sobre el desarrollo del personal desde 50,000 pies. Espero que haya encontrado una buena carrera, donde sea que haya terminado.

A la inversa, esto es lo que considero las Banderas Verdes, que le dicen que probablemente es hora de pensar en armar una oferta competitiva:
- Evidencia de reconocimiento de la empresa, como grandes aumentos, promociones o asignación especial.
- Evidencia de trabajo duro.
- Inteligencia.
- Humildad.
- El deseo de hacer una contribución a la organización o la profesión de uno.

Por extraño que parezca, la revolución de TI y el auge de Internet no han hecho que el reclutamiento sea más una cuestión de tecnología; ha hecho del reclutamiento mucho más una cuestión de marketing. Cuando los candidatos pueden comparar su imagen y la propuesta de valor de su empleador con sus competidores en cuestión de minutos, la marca del empleador no es un problema esotérico que pueda afrontar "algún día"; debe comprarle a su persona de Marketing algunos almuerzos y estar seguro de que está presentando una imagen que atraerá a las personas adecuadas.

*

Un buen proceso de reclutamiento hace más que alentar a las personas adecuadas a postularse; También desalienta a las personas equivocadas de aplicar. La clave es proporcionar a las personas la información correcta por adelantado para que puedan tomar la decisión de si han llegado a la compañía de sus sueños o de que usted no es adecuado para ellos. Piense en eso cuando evalúe el portal de contratación de su empresa.

*

Al desarrollar calificaciones para un puesto abierto, todos van primero a la educación, luego años de experiencia. A los abogados les encanta que los empleadores los utilicen como criterios porque son muy útiles para eliminar a las personas no calificadas que quieren acusarnos de discriminación. Si digo que necesito a alguien con cinco años de experiencia y tiene cuatro, es difícil para usted decir que no le contraté por razones no relacionadas con el trabajo.

Pero la realidad es que sólo porque alguien haya hecho algo por mucho tiempo, no significa que lo haya hecho bien. Por lo tanto, nunca debe igualar el tiempo en un trabajo con un conocimiento o capacidad adecuados. Profundice en ese requisito de experiencia con el equipo de contratación a medida que desarrolla sus criterios de búsqueda; ¿por qué dicen que necesitan a alguien con siete años en este trabajo? ¿Qué conocimiento o capacidades deseadas creen que representa el marco de tiempo? No sólo le brinda una imagen más clara del trabajo que desea realizar; lo que es más importante, ayuda al resto del equipo de contratación a desarrollar un consenso más claro sobre cómo se ve el desempeño exitoso.

*

Al llenar posiciones de entrada o de bajo nivel, puede encontrarse con un candidato con algunos trabajos en su currículum que se expresa muy bien; es sociable, tiene buen contacto visual, buen sentido del humor. De hecho, se pregunta si esta persona podría ser material para el área de supervisión, a pesar del hecho de que no tiene esa experiencia.

También puede notar que sus referencias sólo contienen compañeros de trabajo. En tales situaciones, pregúntese si podría verlo como un vendedor natural de autos usados. Si se contesta con un sí, tenga mucho cuidado con él. Insista en obtener referencias de los supervisores, y si él no puede producirlas, debe decidir que no es probable que sea una buena opción. Confíe en mí, no lo es.

Eso no era un potencial para el área de supervisión o habilidades sociales fuertes que estaba viendo; ese era un loco que estaba tratando de encantarlo. Las personas con ese tipo de habilidades interpersonales que también son buenas contratadas las utilizan para algo productivo; ellos realmente venden cosas, o se convierten en líderes, y eso aparece en sus currículos. Las personas que tienen esas habilidades y no tienen nada que mostrarles en sus carreras son así porque no tienen ninguna intención de hacerlo. Pusieron esas habilidades a trabajar tratando de sortear los problemas de asistencia o de convencerlo a usted y a los médicos de que han tenido "lesiones". Deje a las serpientes en el pasto donde las encontró.

*

Si su compañía tiene una buena recepcionista, trate a esa persona como oro y no la deje ir, incluso si tiene que hincarse de rodillas con flores y lágrimas. Creo que todos los que trabajan aprecian una buena recepcionista - y el departamento de recursos humanos no deja de escuchar acerca de una mala. Una buena recepcionista no sólo es importante para la tranquilidad de su departamento; Es el peor trabajo para el que contratar. Todos los misántropos desorganizados que pueden escribir obstruirán su servidor con sus hojas de vida irrelevantes, imaginándose que son el guardián perfecto para su organización. Atravesarlos para llegar a esa única persona preciosa que realmente puede representar a su organización sin ser una madre molesta *y* que puede causar una primera impresión positiva y profesional, es como la búsqueda del Santo Grial de los solicitantes.

Si hay alguna posición para la que necesite un buen proceso de preselección, es para la recepcionista. (Aunque la mayoría de las posiciones de Contabilidad están cerca).

Lidiar con los Niños Problemáticos

Esto va a sonar raro, pero me parece invariablemente cierto. Cuando comience un nuevo trabajo como líder de RR. HH., en algún momento de su primer mes, habrá al menos dos personas al mismo nivel o dos debajo de usted en el organigrama que harán todo lo posible para darle la bienvenida. Todos serán sonrisas y tonterías, lo escucharán con casi toda su atención y le harán contacto visual desde 50 pies por el pasillo.

Lamento tener que decirle esto, pero estas personas, a quienes buscan validar su imagen de sí mismo como un líder "accesible", y con quienes cuentan para hacer correr la voz acerca de la gran persona de Recursos Humanos que son. - Estarán entre sus primeros niños problemáticos.

No es sólo que estén tratando de ponerse de su lado bueno antes de que sus pasados llenos de altibajos los alcancen. Oh, eso es cierto en algunos casos; pero normalmente es un poco más complicado. Ese entusiasmo por causar una buena impresión en usted a menudo se debe a una frustración. Éstas tienden a ser personas que sienten que el negocio no está reconociendo sus habilidades o sus logros, y su atención hacia usted es un primer paso para que usted remedie la situación. Desafortunadamente para ellos, hay razones por las cuales el negocio no los está cubriendo con los aumentos, promociones o elogios que se merecen - y esas son las razones que llevarán a estas personas a su oficina.

En el otro extremo del espectro, puede elegir a muchos de los mejores empleados cuando es nuevo en el trabajo porque su comportamiento es exactamente lo contrario. Éstas son personas que pasan por su lado en los pasillos con un rápido asentimiento de cabeza y una media sonrisa distraída, que tardan meses antes de que puedan incluso murmurar su nombre. No lo están evitando porque temen que le llame la atención; sólo tienen cosas más importantes en qué pensar que los recursos humanos. La "persona de recursos humanos", piensan cuando – si es que lo hacen – lo miran. "A ése es a quien llamo cuando tengo una pregunta sobre beneficios". Luego, sus pensamientos regresan de inmediato a su tren más valioso para entregar resultados. No deje que esta ambivalencia hacia usted lastime sus sentimientos; simplemente, con gratitud, deje a estas personas en el negocio de pagar su salario.

Oh, pero no se preocupe, ¡probablemente no sean lo peor que encontrará!

En el curso de su carrera, es probable que trabaje junto con algunos líderes de acero; personas que pueden dividir los datos para trazar el futuro del negocio, que cortarán a los socios negociadores en las rodillas y harán que se sienta como un beso cariñoso. Sin embargo, cuando estas personas tienen un problema con los empleados, van a aparecer afuera de su puerta en busca de ayuda. Al principio de mi carrera, un hombre de Operaciones sabio y experimentado una vez me dijo: "Cuando eres gerente, el 80% de todo lo que haces lo puede hacer la mayoría de las personas que trabajan para ti. Es en el otro 20% donde realmente ganas tu dinero". Muchos de los niños problemáticos forman parte de su 20%.

*

Ayudando a los gerentes a lidiar con sus niños problemáticos

La capacitación de gerentes y supervisores para entrenar y disciplinar a los empleados es una de las mejores maneras que conozco para que un nuevo líder de Recursos Humanos se gane el respeto del equipo de liderazgo de una organización. De hecho, hacerlo hará más que merecer su respeto; en la mayoría de los casos usted ganará su gratitud. La mayoría de los gerentes no capacitados no son muy buenos para abordar los problemas disciplinarios, y lo saben. Para algunos realmente agita sus entrañas en la noche. Ofrezca a sus gerentes un buen programa de capacitación en técnicas de entrenamiento y disciplina, respaldado por un sistema disciplinario formal, y les dará a ellos lo que consideran una de las herramientas más valiosas en su caja de herramientas, por no mencionar una mejor noche de descanso.

*

Dejemos una cosa clara acerca de entrenar a los empleados con problemas: el propósito de cualquier discusión disciplinaria o de entrenamiento no es "hacer que la persona se entere", ella tiene un problema. No es para que ella piense en algo diferente; Los empleados no son pagados por procesos cognitivos específicos. Tampoco se trata simplemente de crear documentación para prepararse para despedir a alguien (bueno, al menos la mayoría del tiempo). El propósito de su discusión es lograr que esta persona cambie su comportamiento. Tenga en cuenta que dije "haga que *esta persona* cambie",*usted* no puede cambiar a nadie más que a usted mismo. Si pudiera, lo más probable es que su cónyuge sería una persona muy diferente. (¡Mi esposa es la primera en estar de acuerdo conmigo en esto!)

Los gerentes menos amables o expertos consideran que los problemas de sus empleados son "problemas de actitud". Si va a ayudarlos a lidiar adecuadamente con sus hijos problemáticos, es necesario comenzar por cambiar la comprensión de su problema. Entonces, cuando hace su entrenamiento de disciplina, una de las primeras lecciones que debe darles es que no pueden manejar las actitudes; su trabajo es manejar el comportamiento. Ahora, entregar ese mensaje a algunos generará, digamos, rechazo. Deje que terminen de resoplar sobre lo poco que sabe sobre el mundo real fuera de su cómoda torre de marfil de Recursos Humanos, y luego deles argumentos como estos para iluminar sus mentes.

La actitud no es lo que más importa, y realmente no cree que lo haga. ¿Usted sólo le da aumentos a personas felices? Supongamos que acude a su jefe para pedir un aumento de sueldo para uno de los suyos y él le dice: "¿Está bromeando?

Ese tipo no puede hacer nada bien, y siempre llega tarde al trabajo". Supongamos que usted responde: "Sí, ¡pero tiene una gran actitud!" ¿Ése es su argumento? ¿Y realmente lucha por aumentos para ese tipo de empleados?

Piense en esto: suponga que tiene un nuevo empleado. Después de que él ha estado en el trabajo unas dos semanas, usted se acerca a él y le pregunta: "¿cómo va todo?". Él responde: "Oye, tengo que decirte que todo va bien. Unirme a esta compañía fue la mejor decisión que he tomado. En mi último trabajo, odiaba levantarme por la mañana. ¡Ahora estoy realmente contento de levantarme! Mi esposa me dice que ha visto una gran mejora en mí desde que empecé aquí. ¡No podría ser más feliz!"

Ahora, esa es una gran actitud, ¿no es así? (Mire cómo asienten en entusiasta acuerdo). ¿A cuántos de ustedes les gustaría que este tipo trabaje para usted? Mire cada mano en la habitación levantarse rápidamente.
(Asienta lentamente con una sonrisa de arco en su cara) "Oh, ¿en serio? Bueno, supongamos que le preguntan a este tipo: "Entonces, ¿qué es lo que te gusta tanto de trabajar aquí?" Y él responde: "¿Estás bromeando? He llegado tarde al trabajo cuatro veces desde que empecé, ¡y nadie me ha dicho una palabra! La primera semana que rompí una pieza de equipo, debe haber costado $ 5000, ¡y no he escuchado reclamos al respecto! Fumo justo debajo del letrero de No Fumar todos los días, ¡y el Presidente del lugar camina y dice buenos días! ¿Qué es no gustar? ¡Estoy tan contento de estar trabajando (señale a la audiencia para enfatizar) para usted!"

(Espere a que la risa tímida se apague) "Entonces, ¿cuántos de ustedes quieren a este tipo? (Más risitas tímidas y sacudidas de cabeza) ¿Qué? ¡Venga! ¡Yo pensé que él era genial! Amaban la actitud del chico hace un segundo, ¿qué pasa ahora?"

Una vez que respondan y resuman, puede continuar con su entrenamiento, con la certeza de que su audiencia reconoce la verdad de la conducta de manejo y no la actitud.

Técnicas de Coaching

Como Dick Grote escribe en *Discipline Without Punishment* (¿lo ha ordenado ya?), el entrenamiento se trata de obtener el compromiso de un empleado para comportarse de cierta manera. Una de las técnicas que sugiere para obtener ese acuerdo es señalar las consecuencias de comportarse adecuadamente y de manera inapropiada: "Puede elegir continuar llegando tarde al trabajo y eventualmente perder su empleo, o puede llegar a trabajar a tiempo y permanecer contratado siendo además un miembro valioso del equipo; ¿qué elige?"Aquí hay otras dos técnicas que me parecen muy efectivas:

Le hemos rascado la espalda; ¿Qué tal si rasca la nuestra?
La reciprocidad simple es bastante difícil de discutir. Aproveche cualquier beneficio que la persona haya recibido en la relación laboral, por ejemplo: "Su supervisor hizo parte de su trabajo para que pudiera asistir a la capacitación opcional de finanzas personales, y le dio un aumento realmente decente la

última vez. Por lo que ella hizo un esfuerzo personal para ayudarlo, y reconoció el trabajo sólido que hizo el año pasado. Entonces ella está trabajando con usted, ¿qué tal si empieza a trabajar con ella y hace el trabajo de la manera en la que lo necesitamos?"

¿Suena mucho a poner un viaje de culpa en una persona? Lo que sea. Hay una razón por la cual su suegra dominante le hace eso a usted. Cada vez que puede emitir su solicitud de compromiso como una devolución por la consideración que la compañía le ha mostrado a un empleado, se está colocando en una posición muy poderosa.

Es una solución simple. Ésta es una que obtuve del libro de Dale Carnegie (¿ya lo has pedido?). Señale que no está pidiendo la perfección, o un estándar increíblemente alto; sólo necesita que la persona haga lo que se requiere. "Mira, sé que a veces es difícil llegar a tiempo al trabajo, pero todos tenemos que hacerlo. Tengo que llegar a tiempo, tus compañeros de trabajo tienen que llegar a tiempo. Diablos, el Vicepresidente de Operaciones tiene que llegar a tiempo. No estamos pidiendo la Luna aquí; sólo necesitamos que cumpla con la misma expectativa que todos tenemos que cumplir. ¿Entonces qué dices?"

*

Cuando se dirige a un empleado sobre un problema que se ha repetido, es infinitamente mejor ser directo que considerar los sentimientos de la persona. Ooh, eso suena cruel, ¿no es así? Bueno, no lo olvide - está hablando de la carrera de una persona. Él tiene una hipoteca, una familia, esperanzas para el futuro. Cuál cree que preferiría,¿un ego magullado o el desempleo? ¿Cuál cree que preferiría su familia?

Dije anteriormente que no puede cambiar a nadie; pero al mismo tiempo, su trabajo es ayudar a la persona a reconocer que las diferentes opciones tienen diferentes consecuencias, y algunas veces tiene que brindar esa ayuda entre los ojos.
Por supuesto que no necesita gritarle o golpearle en la cabeza; pero si existe una posibilidad mejor que la de que el comportamiento de una persona ponga en peligro su trabajo, es un golpe que él le deberá.

*

La única manera justa de tratar la mayoría de los problemas de los empleados es avisar a la persona de que existe un problema, tener claro qué es y darle una oportunidad razonable para corregirlo. ¿Realmente funciona? A veces, generalmente para los problemas más rutinarios como problemas de conducta. De vez en cuando, la gente realmente da vuelta a los problemas serios, con la frecuencia suficiente para convencerlo de que abordar el siguiente puede no ser una pérdida total de tiempo para todos. Pero la capacidad de la mayoría de las personas para el trabajo duro o la integridad están bastante bien implementadas en el momento en que se unen a su organización, y generalmente hay poco que pueda hacer para cambiarlas; y, a menos que esté trabajando para una organización de bienestar social, debe recordar que no es una organización de bienestar social.

Cuando se enfrente a la abrumadora mayoría de los niños con problemas, no debe comenzar con el objetivo de despedir a la persona; Pero a veces eso acabará siendo su objetivo. En algunos casos extremos, alcanzar su objetivo requerirá un gasto exorbitante del tiempo de su empresa, hasta que piense que la función completa de su departamento se ha redefinido para tratar con este malhechor.

Eso puede ser bastante frustrante si lo deja; y apuesto a que un día el gerente de esa persona aparecerá en su oficina, presentándole con seriedad alguna información nueva sobre el niño problemático. "Mire estos registros de su actividad en Internet durante las horas de trabajo", dirá con el ceño fruncido y la voz firme, como si descubriera que su hijo está liderando una red internacional de contrabando. "Él está haciendo una gran cantidad de navegación personal durante el tiempo de trabajo. No puedo tener esto en mi departamento, y además, ¡esto está en contra de la política de la compañía! ¡Ahora podemos despedirlo!"

Luego seleccione sus datos y establece a) que probablemente tenga algunas páginas web durante largos períodos de tiempo porque está alternando entre la actividad web personal y el trabajo; b) ninguno de los dos puede decir con confianza en este punto que esta actividad es realmente más excesiva que la de cualquier otra persona, y probablemente no lo sea; y no lo olvidemos c) la gente de TI realmente no debería haber dejado que este administrador se dedique a investigar el uso de la computadora de un empleado sin autorización. Lo siento - le dice usted al administrador -, realmente no estás listo para apretar el gatillo. Al escuchar su veredicto sus hombros caen, ella suspira, sacude su cabeza exasperada y suplica: "¿No podemos *despedir a este tipo*?"

Aquí es cuando necesita sacar fuerza del ejemplo de uno de los santos patronos de Recursos Humanos, el detective de televisión Columbo (hombre, ¿estoy mostrando mi edad?). Columbo combinó el ingenio con algunos criminales bastante inteligentes y desagradables, que siempre tuvieron cuidado de tener una coartada o de lo contrario cubrir sus huellas mientras prácticamente lo desafiaban a arrestarlos por el crimen. Pero Columbo nunca se irritó, nunca perdió la cabeza y arrestó a alguien antes de que supiera que podía lograrlo. Siguió avanzando con calma, con paciencia manteniendo sus ojos y oídos abiertos mientras reunía y revisaba su evidencia, hasta que…¡bam! En algún lugar, de alguna manera, el criminal metía la pata. Y cuando lo hacían, nuestro héroe estaba allí mismo, con su gabardina arrugada, para llevarlo ante la justicia.

Recuérdele a su frustrado gerente que nadie se sale con la suya para siempre. De verdad. (A menos que esté en un sindicato, donde las personas realmente se salen con la suya para siempre). No puedes tomar una decisión tan importante basada en la frustración. Nos pagan para tomar decisiones prudentes para nuestro empleador; no tenemos el lujo de hacerlos para satisfacer nuestras emociones.

Tarde o temprano su hijo problemático volverá a fregar la paciencia. Todos lo hacen. Y cuando lo haga, si reúne sus datos y los documenta, estará allí para responsabilizar a la persona de una vez por todas. No hay necesidad de un sucio fracaso.

*

Muchas de las políticas de su manual terminan con la línea: "la violación de esta política está sujeta a medidas disciplinarias, hasta e incluyendo la terminación del empleo". Para la mayoría de los problemas de sus empleados, la decisión de disciplinar o despedir a alguien será bastante clara. Pero, de vez en cuando, alguien le entregará un problema extraño y único que es lo suficientemente serio como para darle una razón para considerar el despido de la persona, y para el cual ni su manual ni su precedente ofrecen mucho para guiar su toma de decisiones. ¿Cómo averigua cuándo darle a la persona una nota en el archivo o una bota fuera en la puerta?

Por supuesto, debe comenzar considerando el precedente que estará estableciendo. Pero creo que es un error tomar una decisión basada en un conjunto de circunstancias futuras que son imposibles de prever, y para un problema que probablemente no vuelva a ocurrir. Además, el precedente es sólo uno de los varios factores que deben sopesarse en tal decisión. No olvide el registro de trabajo de un individuo. Necesitamos responsabilizar a las personas por sus acciones, pero sólo por el juicio de la posteridad.

En estas situaciones, creo que esta es la pregunta clave: ¿Lo entiende? Si disciplina a la persona, ¿cuál es su estimación de la probabilidad de que vuelva a estar aquí? ¿Entiende la persona el impacto de sus acciones y expresa un sincero arrepentimiento por ello? Si lo hace, le ha dado una razón para invertir su credibilidad en ir a batear por él al resto de la administración. Pero si en cambio él señala con el dedo, habla sobre por qué no es culpa suya, no le está dando muchas razones para soltarlo nuevamente entre la población de empleados. En ese caso, tiene razones para dejarlo fuera del negocio.

*

Aquí hay una pequeña técnica que encuentro útil cuando entro en una discusión disciplinaria con un niño problemático que creo que se volverá contencioso. (No, no creo que el líder de recursos humanos deba llevar a cabo todas las discusiones disciplinarias, pero sí creo que es útil cuando es una discusión potencialmente difícil y el gerente de la persona no tiene suficiente experiencia).

Cuando tenemos conversaciones con personas, incluidas las reuniones disciplinarias, a menudo es desde un escritorio. Podríamos creer que poder ver el cuerpo completo de una persona cuando no puede ver el nuestro nos daría algo de ventaja, pero a menudo puede parecer que nos escondemos detrás de una barrera. Por lo que sabe la otra persona, sus rodillas están golpeando. Entonces, si piensa que se pondrá un poco molesto, organice los asientos para que no haya más que espacio entre usted y el empleado. Si su oficina está organizada de modo que tenga que hablar con el empleado que está en su escritorio, siéntese en una silla al lado del empleado. Si tiene que usar una sala de conferencias, siéntese en el mismo lado de la mesa, no en el otro lado.

El niño problema puede tratar de intimidarlo, pero eso será mucho más difícil cuando - y esta es la clave para hacer que esto funcione - ella ve que usted está perfectamente relajado. Cruce una pierna con un tobillo sobre la rodilla, cubra la parte posterior de su cuello con la mano un poco o estírese. Por encima de todo, mantenga su cuerpo muy suelto. Demostrando que se siente cómodo con la tensión también le comunicará que se siente cómodo con su posición - y luego su hijo problemático deseará tener un escritorio para esconderse detrás.

*

Esto es lo más cerca que he llegado a una respuesta que siempre funciona para problema de un empleado particular. De vez en cuando, un buen empleado perderá la calma y se lanzará a insultar y despotricar sobre el edificio. Esos episodios perturbadores pertenecen a la categoría de No se Puede Tolerar

Bajo Ninguna Circunstancia en el Lugar de Trabajo. Entonces, antes de que el Demonio de Tasmania se desvíe, envíelo a casa para una suspensión de emergencia. Dígale que lo llamará cuando haya decidido qué hacer; y luego, durante los próximos días, no lo haga. Déjelo sudar mientras mira al abismo del desempleo. No llame hasta que haya llamado a la empresa, preguntándose qué pasará con él. En esa conversación, dígale que no ha terminado su investigación. Cuando finalmente le devuelva la llamada, será un cachorro azotado. ¿Es eso manipulador de mi parte? Culpable de los cargos. Pero todos los aspirantes a Terror Impío a quienes se les mostró el abismo retrocedieron - para siempre.

*

Muchas personas creen que los gerentes deben conducir discusiones disciplinarias exclusivamente. Creo que el departamento de Recursos Humanos debería involucrarse en etapas posteriores de la disciplina progresiva, y siempre que sea posible, debería involucrarse en los despidos, especialmente por razones de mala conducta intencional. Por un lado, los gerentes no harán esto lo suficiente como para ser "buenos", y ninguna capacitación preparará al gerente más nuevo para las emociones que a menudo entran en juego (para los pocos afortunados que sí lo hacen, déjelos ser buenos en eso).

Además, tener a Recursos Humanos a mano demuestra que la decisión ha sido revisada por un tercero, y es la decisión de la empresa; por lo tanto, es más difícil para el ex empleado convencerse de que fue tratado injustamente. Pero lo más importante es que cuando el problema es de mala conducta intencional, Recursos Humanospuede representar más efectivamente a la compañía en la inevitable audiencia de apelaciones de compensación por desempleo.

*

La Realización de Investigaciones

Pongo esto bajo el encabezado de Haciendo Investigaciones, pero también pertenece a una discusión de Entrevistas, o bajo Todo lo que Usted Hará en Recursos Humanos. Los menos experimentados en la toma de decisiones en Recursos Humanos a menudo creen que tomar decisiones de la gente, como contratar o sopesar pruebas en una investigación, es a menudo una cuestión de intuición - de "ir con los instintos". Esas personas harían bien en recordar el consejo que un gran maestro de ajedrez una vez dio para aquellos que querían desenvolverse bien en el juego. Él dijo que siempre se debe jugar como si alguien estuviera parado sobre su hombro y pudiera leer su mente.

Cada vez que considera seriamente una jugada, ese tipo señala la pieza y pregunta: "¿por qué harías eso?" Si no puede darle una explicación convincente a esa persona, es una mala decisión. Puede ser objetivamente el movimiento correcto; pero si no entiende sus implicaciones, no estará preparado para manejar lo que vendrá más adelante. El movimiento correcto, mal entendido, resultará ser un error a largo plazo.

Ese tipo está ahí fuera en la vida de cada persona de recursos humanos (en realidad, en la vida de cada gerente). Tiene muchos nombres: El Jefe, Opinión general, Señoría, Señoras y Señores del Jurado; y no tener una respuesta para él cuando le pregunta por qué contrató o despidió a alguien puede costarle mucho más que a su rey. Así que olvídese de sus instintos; Preste atención a ese tipo sobre su hombro.

Ahora, antes de continuar, necesito agregar algo: me gusta creer que empiezo a pensar lo mejor de las personas hasta que se demuestre lo contrario, pero lo que está a punto de leer va a sonar bastante cínico. Sólo puedo decir que escribo esto porque, como todo lo demás en este libro, mi experiencia me ha demostrado que es cierto.

Uno de los problemas con las decisiones por instinto es que se basan en sus *impresiones* de lo que es verdad, y cuando está realizando una investigación de empleados, muchas personas harán cualquier cosa para darle una impresión de lo que es verdad - incluso cuando no es así. He conocido a varias personas cuyo comportamiento se sometió a mi escrutinio en una investigación, personas cuya integridad hasta ahora nunca había tenido motivos para cuestionar. En muchas de estas situaciones, mostraron una facilidad notable para falsear sinceridad. Un hombre me rogó que lo mirara a los ojos y que me preguntara si realmente pensaba que podía mentirme mientras me miraba directamente. Resultó que, de hecho, él podía. Y ha estado lejos de ser el único.

El miedo a perder un empleo saca lo peor de muchas personas. Tal vez no *harían* "nada" para evitar esa consecuencia por sus acciones, pero muchas personas no tienen ningún problema en decir algo para evitarlo. (Por cierto, no crea que estoy burlándome; reconozco muy bien que a) Nunca he estado en esa situación, yb) Tengo una esposa y mis propios hijos para alimentar.)

Todos queremos creer lo mejor de las personas, incluidos los compañeros de trabajo, pero aquí hay una verdad difícil: la gente puede mentir. Y cuando sus trabajos están en la línea, las personas pueden mentir bien.
Casi todo el mundo se elogia a sí mismo por ser un buen juez de carácter. Casi todo el mundo piensa que su intuición podría ayudarles a ver a través de las mentiras de alguien en caso de apuro. Casi todos están equivocados.

Puedo prometerle que tendrá algunas investigaciones sobre los problemas de los empleados en las que los hechos apuntan a la culpabilidad de un empleado, pero sus protestas de inocencia son tan sinceras que escuchará los violines y le harán dudar de su conclusión. Si su conclusión se basa en hechos, no lo haga. Más de una vez, cuando un artista malvado se convirtió en ex empleado y fue acompañado fuera del edificio después de su despido, el supervisor de escolta le preguntó: "usted lo hizo, ¿no?" Y la respuesta fue: "sí, lo hice".

Lo bueno de los hechos es que se suman. Los hechos satisfarán a ese tipo que está parado sobre su hombro. Los hechos tienen sentido. Así que la próxima vez que tenga un conflicto entre su intuición y los hechos, dele las gracias a su instinto por el aporte y siga los hechos.

*

El punto más desafiante en cualquier investigación de empleados para una persona de recursos humanos no es cuando está sopesando los hechos; su acoso sexual o incluso sus problemas de robo no exigirán la destreza de *CSI: Milwaukee* o lo que sea. No, creo que lo más difícil para nosotros es la primera reunión, justo después de esa llamada telefónica cuando un empleado ha preguntado con vacilación en su voz: "¿Puedo hablar con usted sobre algo?"

¿Qué podría ser tan difícil acerca de eso, pregunta usted? Déjeme explicarlo de esta manera:

Puede que esté familiarizado con los romances medievales sobre el rey Arturo y los Caballeros de la Mesa Redonda. Muchos de ellos tienen una historia similar: un día, sir Galahad está montando su caballo en una armadura de batalla (no pregunte por qué, es una cuestión de caballero) cuando ve a una hermosa doncella junto al camino, llorando. Él pregunta cuál es el problema y, a través de sus sinceros sollozos, ella le cuenta sobre el malvado caballero negro que ha encarcelado a su verdadero amor en la torre de Yon. Sir Galahad está indignado por la injusticia y vencido con pena por la joven criatura, rápidamente el valiente Galahad golpeó la puerta de la torre, mató al caballero negro y liberó al amor de la chica, para dejar a la joven pareja desmayada en gratitud.

Ahora, tal vez eso pasó por una sólida jurisprudencia en el siglo XII, pero si usted o yo intentáramos encontrar una pequeña complicación: Mientras el caballero negro jadea por su último aliento, nos dice que el tipo que había encarcelado había robado cinco de sus mejores vacas. Hmm –Eso no es bueno, pensaríamos mientras se nos resbala la espada de las manos al ver al caballero negro retorciéndose en el montón de hierro. Ella dejó esa parte fuera de su relato.

Por supuesto, esta pequeña historia ilustra los peligros de actuar antes de que tengamos todos los hechos; pero no necesitaba que le dijera eso. Aquí está la mayor pregunta: ¿Qué causó que nuestro buen Galahad corriera y matara a alguien que no merecía morir? El problema no era que tuviera maldad; el problema es que él está tratando de ser bueno - o deberíamos decir que está tratando de hacer cierto tipo de bien. No del tipo que da limosna a los pobres, o cuida de niños descarriados.

Galahad está tratando de ser un héroe. Sin embargo, no todas las situaciones que requieren un buen resultado requieren un héroe, alguien que toma pasos grandes, audaces y llamativos para lograr algo que la gente pueda admirar. Se podría decir que el problema es que Galahad está tratando de cumplir con un perfil. Y desafortunadamente para Galahad (y el caballero negro), encontró a alguien que quería que cumpliera con ese perfil.

¿Recuerda lo que dije antes sobre la persona de Recursos Humanos, las expectativas que tiene la gente sobre el tipo de persona que la gente cree que usted debería ser? Dije que, aunque no puede ser considerado exitoso si no está a la altura, existe el peligro de llevarlo demasiado lejos. Bueno, es probable que corra ese peligro casi cada vez que un empleado le presente un problema que tenga con otro empleado. Y hay que reconocer que el peligro tiene dos dimensiones. Una es que la empleada quiere que sea más que la persona de recursos humanos; ella quiere que sea su caballero en armadura brillante – Corrector de los Errores, Defensor de los Débiles. La otra cosa es que, seamos sinceros, en cierta medida, eso es lo que le gustaría ser.

Mire, usted entró en recursos humanos, no en justicia administrativa. Sí, quiere ser un socio de negocios, y bien debería. Pero en algún lugar dentro suyo, entró en este trabajo porque quiere hacer el bien a la gente cuando puede. Y cuando alguien le dice sobre lo que suena como acoso sexual, discriminación o simplemente maldad, quiere ayudar. De hecho, está en posición de ayudar.

Pero pregúntese esto y sea honesto: cuando esta persona acude a usted con su historia de dolor, injusticia o peligro, ¿por qué, en su papel de líder de recursos humanos, quiere hacer el bien? ¿Es realmente porque quiere ayudarla? O como los caballeros en cuentos de antaño, ¿es porque quiere ganar renombre? ¿O tal vez quiere usar esta situación para confirmar su imagen de usted mismo como una persona realmente buena? Si un sí se está contrayendo en algún lugar en la parte posterior de su cerebro, felicitaciones por su honestidad. Recuerde que la próxima vez que alguien esté en su oficina describiendo un problema con un compañero de trabajo o supervisor.

No es que su indulgencia con la prisa de la Indignación Recta vaya a provocar que salga corriendo y despida al caballero negro acusado. Usted no es tan tonto. Hablará con ese otro empleado y tal vez con otros testigos, y llegará a la conclusión correcta. Pero cuando lo haga, descubrirá que hubo algunos hechos muy importantes que esa persona no le había dado, hechos que dejan en claro que la persona acusada no merecía su justa indignación después de todo. Si ha descrito el problema a su jefe o un par relevante después de haber hablado sólo con el empleado que se queja, es posible que haya dejado escapar una o dos expresiones de desaprobación del empleado acusado que no merecía, y ahora tiene que dar marcha atrás. Y si usted había sido abiertamente comprensivo con la empleada, dándole la impresión de que estaba de su lado, tendrá que decirle que no le estará dando lo que quiere después de todo. La mayoría de las personas encuentran eso bastante discordante y puede dejar algunos resentimientos que simplemente no tendrían porque existir (no deberían, pero lo hacen). ¿Llega al lugar correcto al final? Claro, y bueno para usted. Pero hubo algunos bordes innecesariamente irregulares en el resultado que me impedirían otorgarle la "A" por el profesionalismo.

Por cierto, ¿la gente omite deliberadamente ciertos hechos cuando acusa a otro empleado de alguna mala conducta? A veces, pero no por lo general. ¿La gente trata de manipularlo? Puedes apostar. Pero creo que en la mayoría de los casos, es sólo que las personas le dicen los hechos que creen que son relevantes. Nuestra damisela en apuros ama al ladrón; lo que causó que el caballero negro le quitara su amor no es importante para ella. Por eso es realmente difícil obtener todos los datos de una persona.

Si sinceramente desea hacer cosas buenas para personas como ésta, guarde a su sir Galahad interior para el hambre en el mundo y haga su trabajo. Al tratar con las disputas de los empleados, sea imparcial, paciente y respetuoso con los empleados involucrados en las disputas. Investigue a fondo, sopese los hechos y actúe sobre sus conclusiones. Hacer todo eso le tomará más tiempo del que preferirá gastar en estos problemas, y rara vez dejará a las partes involucradas llorando de alegría junto a la carretera mientras trota en su fiel corcel. Pero más que haber hecho el bien, habrá hecho su trabajo.

*

Por supuesto, hay ocasiones en las que puede contar entre sus hijos problemáticos a los que se les paga por ser adultos: sus supervisores, gerentes, directores y vicepresidentes. Ese grupo es capaz como cualquier otro de malversación, y tiene que estar preparado para cualquier cosa. Sin embargo, me gustaría ofrecerle esta perspectiva sobre para qué prepararse. Nuestra sociedad invierte una enorme riqueza en la eliminación de diversas formas de discriminación. ¿Qué tanto se necesita, de verdad?

En todos mis años, nunca he encontrado una instancia auténtica en la que un gerente o supervisor quisiera tomar una decisión de empleo basada en la raza de alguien. De hecho, la suma total de mi experiencia con la raza en el lugar de trabajo es un solo empleado que usa un único epíteto racial. Nunca he encontrado discriminación por motivo de la orientación sexual, en la medida en que eso está prohibido en ciertos lugares. He encontrado sólo un caso de discriminación de género, y no fue cometido por alguna reliquia de otra época. Ciertamente nunca me he encontrado con un comentario o acción despectiva dirigida a los veteranos. Creo que es debido a que son dos fuerzas en el trabajo. Por un lado, las costumbres en torno a estas cosas realmente han cambiado. Por otro lado, la guerra por el talento es demasiado real para permitir que cualquier organización pueda darse el lujo de caer en los prejuicios personales.

Pero no les pidas a los pájaros cantores todavía. Hay una forma de discriminación que muchos gerentes cometerán sin el menor resentimiento. Enfrentarlo requerirá que desafíe las opiniones que se sostienen sinceramente según sea necesario para el negocio. Cuando los gerentes hablan de la necesidad de atraer talento "fresco", generalmente se refieren al talento "joven". El talento de "menos de 40". La discriminación por edad es real, y

110

en demasiados casos, a los gerentes realmente no les importa si lo cometen o no. Tendrá momentos en los que deberá recordar a sus compañeros y a su jefe que está en contra de la política de EEO de su empresa y en contra de la ley.

Métricas de Recursos Humanos

A pesar de todo lo que se ha escrito a lo largo de los años sobre las métricas de recursos humanos, parece que nuestra profesión todavía tiene que establecer un conjunto definitivo de medidas al igual que, por ejemplo, los mundos de Contabilidad u Operaciones lo han hecho. Por lo tanto, vale la pena dedicar tiempo a experimentar para ver qué tiene sentido en su organización. Pero nunca olvide que las métricas más importantes de RH son aquellas que el resto de su organización utiliza para medir la calidad, la productividad y la rentabilidad. Por encima de todos los demás, esos son los números que hay que mover. Entonces, si está experimentando con métricas para realizar un seguimiento, si no puede mostrar cómo una métrica se relaciona con las utilizadas por el resto de la empresa, manténgala fuera de su panel.

*

Lo crea o no, una de las preguntas más difíciles de responder es: "¿Cuántas personas tenemos en esta organización?". El problema con contar las cabezas en un momento dado es que la cantidad de cabezas probablemente cambiará en el próximo momento, a medida que se abren y rellenan las posiciones, se crean y luego se eliminan. Y si el número de empleados es el tema de una reunión de administración, y las únicas notas de preparación que se le dan son "simplemente denos número", es probable que alguien comience a inspeccionar ese número. "¿Por qué son seis personas más que el mes pasado?" "¿Hicimos que la gente renunciara? ¿Quién?"Y así sucesivamente. En estas situaciones, intente mantener los "ummm..." al mínimo mientras explora su cerebro en busca de respuestas.

Si esto describe a su equipo de administración, comience a rastrear las posiciones aprobadas. De alguna manera, el número de puestos aprobados es una imagen más realista del recuento de empleados que el recuento real, porque refleja lo que la administración dice que necesita para ejecutar la operación.

*

Además de los que se encuentran en los libros y artículos web, aquí hay dos métricas que realmente valen la pena:

- Contrataciones vs. Despidos Voluntarios por mes. Rastreamos esto como un gráfico de líneas acumulativo, con las contrataciones mostradas como una línea sólida y los despidos como una línea de puntos. El año actual y los dos años anteriores están señalados por colores. Esta tabla nos ha alertado más de una vez de los desafíos tanto en el reclutamiento como en el lado de la retención.

- Contratación de la Efectividad de la Fuente. Pedimos a todos los empleados entrantes que nos digan cuál fue la única fuente de reclutamiento que los convenció de enviarnos su currículum. Ordene eso por año y vea cómo la efectividad de las diferentes fuentes cambia con el tiempo. Para nosotros, eso ha descubierto gastos excesivos con reclutadores de terceros, y problemas con un cambio de tecnología de reclutamiento que una vez hicimos.

Como sugieren estas ofertas, el campo de métricas de RR.HH. está tratando de avanzar hacia un análisis predictivo real. Creo que el trabajo que se está realizando estos días en el análisis de datos es quizás el más importante en el campo de recursos humanos. Si no está familiarizado con el pensamiento y las prácticas emergentes relacionadas con el análisis de recursos humanos, familiarícese.

Lo que he Aprendido Sobre el Liderazgo

No puede dar diez pasos en el negocio sin tropezar con el consejo de alguien sobre liderazgo. Bueno, por favor, mire hacia abajo antes de dar otro paso, porque aquí vienen algunas observaciones mías sobre el tema:

*

Estoy tratando de mantener este tipo de cosas al mínimo posible, pero voy a repetir dos observaciones hechas por otros sólo porque sigo chocándome con éstas una y otra vez en mi carrera. Después de mi viaje a través de varios continentes y la lectura de la historia del mundo, he llegado a la conclusión de que, más allá de las funciones biológicas, sólo hay dos rasgos que son verdaderamente universales para todos los seres humanos: un anhelo por la trascendencia y un sentimiento de fracaso si no se cumplen con las expectativas planteadas (ahí tiene - eso es lo más profundo que tengo). Pero en algún lugar del siguiente rango de lo Verdadero Para la Mayoría de las Personas, Pero No Realmente Para Todas si se Detiene y lo Piensa, está lo siguiente:

Uno: La mayoría de la gente quiere ganar. Quieren jugar en un equipo ganador.

Dos: La mayoría de las veces, las personas se ajustan a las expectativas. Eso se entiende comúnmente como significado si establece metas para las personas, la mayoría de las personas trabajarán para lograrlas. Pero también significa que, como líder, debe tener claro en su mente las expectativas que tiene para su gente, porque para bien o para mal son lo que obtendrá. ¿Cree que no se puede confiar en las personas para que hagan su propio trabajo? Si es así, dirigirá un departamento de autómatas que no pensarán por sí mismos.

*

Nunca engañe a las personas. Nunca. Se lo prometo, será descubierto. Al principio de mi carrera formulé esta pequeña frase: *Nunca eres tan inteligente como crees que eres, y nunca son tan tontos como a veces desearías que fueran.*

*

Hay dos formas comunes de arruinar su credibilidad como líder. La primera es engañando a las personas. La segunda es hacer un compromiso y luego no cumplirlo. Es posible superar la primera si se toman acciones a tiempo. Es prácticamente imposible superar la segunda. Siempre. Ese fracaso se pegará en las entrañas de la gente y no saldrá. Quiere decirse a usted mismo que la memoria de la gente sobre su fracaso se desvanecerá con el tiempo. No lo hará. Entonces, incluso si un cierto compromiso es lo correcto, si no planea cumplirlo, por el amor de Dios, no lo haga.

*

Una de las recompensas más poderosas para las buenas personas es su confianza. Hágales saber a estas personas que tienen eso (una vez que se lo hayan ganado), y caminarán a través de las paredes para mantenerlo.

*

Sea un poco, *un poco* paranoico. Pase un poco de tiempo cada semana con ese pequeño individuo que se posa sobre su hombro en la historia del ajedrez unas cuantas páginas atrás. Un miedo mortal a un fracaso espectacular es un gran motivador para cubrir todas sus bases (al menos a mí me ha funcionado). Y en estos días de litigios, necesita que él lo ayude a evitar que su organización, y usted personalmente, sean demandados.

*

Encontré esta excelente línea en las memorias del general George Patton, y me sorprende que nunca la haya visto citada en otra parte: "Un buen plan ejecutado ahora es mejor que un plan perfecto ejecutado más tarde". Al principio de mi carrera, cuando era tanto absolutamente confiado en mis habilidades, así como sumamente ignorante de lo difícil que es hacer grandes cosas, solía buscar La Gran Solución para los desafíos empresariales. Estaba convencido de que cada solución tenía que ser grande, definitiva, perfectamente concebida para anticipar todas las contingencias. Y, por lo tanto, me tomó mucho tiempo lograr que se hiciera algo - en caso de que se hiciera algo.

Las organizaciones son colmenas de objetivos de otras personas que no tienen nada en común con los suyos. Obtener la cantidad suficiente de esas personas para incorporar sus metas a las suyas es inmensamente difícil (después de todo, ¿qué tan dispuesto está usted a incorporar sus metas a las suyas)? Hacer algo es generalmente mejor que no hacer nada (excepto en el caso de evaluaciones de desempeño mal hechas). Lograr que algo se haga bien generalmente se produce después de practicar simplemente haciendo algo. No estoy excusando la mediocridad; le estoy advirtiendo que no permita que su búsqueda implacable de la perfección se convierta en la búsqueda eterna de una fecha de finalización firme.

Cuando comienza algo ambicioso y nuevo para usted, hay un punto en el que continuar anticipando las contingencias tiene un valor neto más bajo para la organización que seguir adelante y perfeccionarlo a medida que avanza. Sí, corre el riesgo de arruinar la credibilidad de toda su iniciativa, pero, nuevamente, si es nuevo para usted, corre el riesgo de que así sea.

Así como dije anteriormente que cada sistema puede ser burlado, también todas las soluciones tienen fortalezas e inconvenientes. El truco - ya sea en las evaluaciones de desempeño, en los planes de compensación, o en la mayoría de los aspectos de la vida - es seleccionar uno cuyas fortalezas le permitan acercarse más a sus objetivos y cuyos inconvenientes se puedan minimizar de manera más efectiva. Ofrecer soluciones es como tirar un cebo para tiburones: hay animales de dientes afilados que mueren por hacerlos pedazos. Pero usted no puede ser un líder si tiene miedo de esas aguas.

*

Este es uno de los mejores consejos que he escuchado para un líder: Leer. Lea mucho, y no se detenga nunca. No importa qué - sólo lea. La inspiración es casi siempre el resultado de una síntesis de conocimiento, y usted no puede sintetizar el conocimiento si no tiene ninguno. La mejor manera de conseguirlo es leer.

*

Esta pequeña observación se ofrece con una cucharada de cinismo para ayudarla a bajar. Por todos los galones de tinta derramados (o en la Era Digital, tal vez deberíamos decir terabytes de píxeles negros generados) acerca de cómo los líderes deben inspirar y motivar a su gente, me parece sorprendente cómo han trabajado tantos de los líderes más efectivos. Con no hacer mucho de ninguno de los dos de manera consciente.

Ellos serían los primeros en decirle que son bastante aburridos cuando se dirigen a un grupo; al tener un rango estrecho de emociones, no son muy buenos aprovechando las de los demás.

Sin embargo, su gente da lo mejor a estos líderes. ¿Cómo puede ser?

Son buenos líderes porque son buenos en lo que hacen. Ellos hacen lo que dicen que van a hacer. No le piden a nadie que haga nada que ellos mismos no hagan; de hecho, trabajan más duro que los demás. Por encima de todo, saben lo que hacen. Las buenas personas se sienten atraídas por esas características, y antes de que se dé cuenta, hay un equipo ganador en el que la mayoría de la gente quiere jugar,

Napoleón Bonaparte era un soldado dotado de un carisma asombroso; sin embargo, sin lugar a dudas, la fuente de ese carisma fue el hecho de que era realmente muy bueno en lo que hacía, y todos lo sabían. Sin embargo, el hombre que derrotó a Napoleón en Waterloo, el duque de Wellington, nunca inspiró la devoción fanática en sus hombres de la que era capaz Napoleón. Los hombres de Napoleón lo llamaron cariñosamente su "pequeño cabo";los hombres de Wellington lo llamaron "Narizón", por razones que puede suponer. Napoleón habló con afecto a sus hombres, a menudo llamándolos sus "hijos"; Wellington llamó "escoria" a su ejército en Waterloo. Estaba distante incluso con la mayoría de su personal superior.

No hay mucha evidencia de técnicas de motivación allí, ¿por qué los británicos defendieron a Wellington a través de los horrores de Waterloo? Porque Wellington ganó batallas - muchas. Había dominado a fondo los detalles de su campo. Estaba en todas partes y en cualquier lugar donde debía estar, durante el tiempo que fuera necesario para hacer el trabajo. No se interesó mucho por los aspectos inspiradores del liderazgo que aumentan el ego; simplemente puso su gran nariz en la piedra de afilar y la mantuvo allí. El resultado fue una notable serie de victorias, a menudo contra grandes probabilidades, y una demostración indiscutible de habilidad que en sí misma sacó lo mejor de sus subordinados. Eso es lo que mantuvo unidos a sus pequeños ejércitos a través de las dificultades para la victoria tras la victoria.

No estoy manteniendo la capacidad de liderazgo de Wellington como inherentemente superior a la de Napoleón – Napoleón era aún un Emperador mucho mejor que Wellington; quien luego sería Primer Ministro (y un adicto al trabajo, lo cual es aún más importante). Solo estoy tratando de ilustrar que la capacidad técnica sólida en un campo puede ser una fuente de capacidad de liderazgo efectiva tan válida como la confianza en otras habilidades de liderazgo que llenan los títulos de los libros de liderazgo de hoy.

Eso no es una observación original; de hecho, incluso hay un término para ello. Los Grandes Pensadores llaman al estilo de Wellington basándose en su poder de "referente". Tantos gurús del liderazgo moderno castigan a las empresas por promover a sus expertos técnicos para que ocupen puestos de liderazgo, sin prestar atención a sus habilidades de liderazgo interpersonal (tal como los definen los gurús). Por ejemplo, la mejor herramienta y fabricante de troqueles es a menudo el supervisor de turno. Eso debería ser válido a primera vista, pero el hecho de que tantas organizaciones lo hagan evidencia el hecho de que, con mucha frecuencia, funciona. Por encima de todo, la persona a cargo tiene que saber cómo funcionan las cosas aquí.

¿Por qué esta realidad rara vez se reconoce en la literatura de liderazgo? Aquí es donde entra en juego ese cinismo. Creo que la verdadera razón es que los gurús del liderazgo pueden citar a Napoleones y Wellingtons (y Sun Tzus, y Lee Iaccocas y...); pueden investigar por su cuenta y sintetizarla con la de otros para escribir libros interesantes que el público lector de hoy en día compraría. Pero no pueden escribir un libro vendible que les diga a los generales cómo luchar mejor en las batallas **Y** a las personas que compran cómo comprar cosas mejor **Y** a las personas de Recursos Humanos cómo hacer mejor los recursos humanos. Nadie es tan inteligente. Y suponiendo que alguien pueda escribirlo, ¿cuántas personas lo comprarían?

Es más vendible enfocarse en lo que las personas creen que es común al liderazgo en cada situación. ¿Qué pagaría usted por abordar? ¿Una inmensacolección de anécdotas que celebran el siempre nuevo deseo del espíritu humano de inspirar a quienes los rodean al éxito?¿O un tomo sobre cómo interpretar la guía regulatoria federal y estatal? ¿Cuál preferiría escribir?

No va a encontrar muchos gurús del liderazgo dispuestos a venderle capacitación sobre los aspectos técnicos aburridos y tediosos de campos particulares como materia del desarrollo del liderazgo. Pero sólo porque esos temas no llenan las estanterías de los aeropuertos, no piense que alguien no puede compartir esas fortalezas y hábitos de trabajo generales para convertirse en un líder exitoso.

Comunicación

"Fuertes habilidades de comunicación". La frase aparece en la lista de calificaciones de casi todos los trabajos - incluido el suyo -, tal y como debería. También aparece en el currículum de casi todos los solicitantes de empleo – en cuyo caso no debería ser así.

Seamos claros acerca de una cosa: la capacidad de llegar al fondo de la bolsa de las frases trilladas utilizadas en la mayoría de los negocios y pegarlas lo suficientemente bien como para pasar el corrector gramatical de su software de procesamiento de textos no califica como "habilidades de escritura sólidas". No estoy diciendo que haga falta un Thomas Paine para anunciar sus próximas reuniones anuales de inscripción (aunque, para Recursos Humanos, ¡a menudo esos son los tiempos en que se prueban las almas de los hombres!); pero estoy diciendo que, si sus comunicaciones escritas van a hacer lo que se necesita que haga, usted necesita superar dos desafíos importantes.

Acabo de aludir al primero. Desde fines de la década de 1980, el mundo de los negocios ha confiado en el mismo vocabulario limitado para inspirar a sus trabajadores y emocionar a sus clientes. Pero después de treinta y tantos años, como viejos caballos de trabajo que han servido durante muchas temporadas, estas palabras se han desgastado tanto por la recurrencia y el mal uso que simplemente no son capaces de hacer el trabajo que solían. Aquí hay sólo una lista parcial de palabras que merecen pasar la mayor parte de su carrera puesta a pastar:

- Comprometido
- Impulsado
- Visionario
- Excelencia
- Pasión

Organización de aprendizaje (aún me sorprende que pocas personas no tienen idea de lo que significa este término. Fue acuñado por Peter Senge en su libro, "La quinta disciplina", y al contrario de lo que mucha gente piensa, no significa un negocio que hace mucho entrenamiento.)

Déjeme adivinar: su organización está impulsada por su visión de excelencia. O quizás usted esté comprometido con su visión de ser conducido con pasión. O quizás tiene una visión de compromiso con la excelencia. No, espere, estoy seguro de que usted es diferente - ¡tiene una pasión por la BÚSQUEDA de la excelencia! ¡Implacablemente! Escucho su bostezo desde aquí.

Ahora, un vocabulario limitado podría no ser tan malo si no fuera por el hecho de que estamos viviendo en la Era de la Hiper-Comunicación. Una vez leí en alguna parte que el estadounidense promedio de hoy recibe tanta información en un mes como un francés promedio del siglo XVIII habría consumido en toda su vida. Somos bombardeados con mensajes día tras día, desde la mañana hastala noche. Entonces, si realmente va a ser un comunicador efectivo en el trabajo, debe reconocer que su desafío es entregar mensajes que ganen la fuerte competencia para la atención de sus empleados y hacer que hagan lo que necesitan que hagan. Al igual que su departamento de marketing, tiene que cortar a través de la charla.

Hay mucho que podemos decir sobre esto, pero aquí está la regla más importante de una comunicación efectiva: no sea aburrido. Escriba cosas que la gente quiera leer. Diga las cosas de manera que la gente quiera escucharlo.

Supongamos *-por el simple* hecho de argumentar - que los gerentes de su organización esperan hasta el último minuto para completar sus evaluaciones de desempeño, si es que se realizan a tiempo. ¿Qué hace usted al respecto? Cada pocos días envía un recordatorio por correo electrónico. Ahora, déjeme adivinar: Todos estos correos electrónicos tienen como tema, "Evaluaciones de desempeño". Y cada uno de ellos dice: "Por favor, recuerde que sus evaluaciones de desempeño se deben entregar al Departamento de Recursos Humanos antesdel viernes 17. Gracias". ¿Por qué escribe estos correos electrónicos de esa manera? Debido a que está muy ocupado, responde, y no tiene tiempo para seguir cabalgando sobre estas vacas de movimiento lento.

Déjame hacer otra conjetura: sus correos electrónicos no están funcionando. Bueno, he aquí el motivo: esas vacas están demasiado ocupadas incluso para abrir un mensaje de correo electrónico - el cual está cargado con la misma actitud - una y otra vez, y mucho menos leerlo realmente. (Y, por cierto, si comienza su correo electrónico con esa horrible frase pasiva "Por favor, recuerde que..." ¡Merece ser ignorado!)

La próxima vez que esté a punto de escribir ese correo electrónico, intente esto: en lugar de escribir "evaluaciones de desempeño", escriba "¡HA ACABADO DE GANAR LA LOTERÍA NIGERIANA!" No estoy bromeando. Entonces diga esto en su correo electrónico: "Bueno en realidad no. Pero ahora que tengo su atención, envíe sus evaluaciones de desempeño a Recursos Humanos antes del viernes 17". Cuando llegue el momento y Marvin en Contabilidad no haya cumplido su tarea por enésimo segundo año consecutivo, envíe un correo electrónico con la línea de asunto, "Si ve a Marvin en Contabilidad..." Cuando todos hagan clic para leer el deseo de cumpleaños, hágales leer: "¡Dígale que lleve sus evaluaciones de desempeño a Recursos Humanos el viernes 17!" Confíe en mí: Habrá curado la tardanza de Marvin.

Hace algún tiempo, mi empleador estaba ofreciendo una clase de escritura después de las horas de trabajo a todos los empleados. La última vez que se ofreció el curso, la asistencia fue regular; pero esta vez realmente queríamos una buena participación. Ahora, podría haber hecho el memo estándar a todos los empleados y, probablemente, haber sido ignorado tanto como lo había sido el último anuncio. Pero en mi correo electrónico, cometí un error gramatical deliberado y, al concluir mi correo electrónico, dije que ofrecería un pequeño premio a las dos primeras personas que detectaron el error gramatical en este correo electrónico. Mi bandeja de entrada se llenó de respuestas y la clase se llenó hasta el tope.

Por supuesto, mis ejemplos específicos no se adaptarán a todos los comunicadores ni a la cultura de cada organización; usted tiene que encontrar su propia voz. No tiene que ser una voz que acelere cada pulso, ni siquiera que analice cada oración. Sólo tiene que ser interesante.

*

Usualmente, la palabra escrita es para comunicaciones relativamente rutinarias. Cuando son las noticias más difíciles, como una venta del negocio, una Reducción de Personal o una decisión de subcontratar una línea de productos, generalmente es más apropiado hacer eso en las reuniones. Cuando está transmitiendo noticias importantes, debe hacerlo de una manera que demuestre que tiene una inversión emocional en el resultado. No me refiero a ponerse todo llorón frente a la gente, o lanzarse a una confesión extendida; estos momentos no son sobre usted y sus sentimientos. Pero la gente tiene que ver que es importante para usted, y que sus intereses son también los de ellos.

Su otro desafío en estos momentos es mostrar a las personas cómo deben pensar y sentir respecto a esta noticia. Llámelo propagandismo si quiere; probablemente no esté trabajando por una democracia de ciudadanos independientes. Debe hacer que las personas superen estos tiempos de manera que mantengan su confianza en la organización, y eso significa que debe demostrar que aprecia las preocupaciones del resto de los empleados, pero que reconoce que este fue un paso necesario que puede llevar a mejores tiempos.

*

Y si ciertos empleados deciden usar esas reuniones para ponerlo en una dura posición con preguntas difíciles o incluso de confrontación, no se quede donde está. Incluso si está luchando por una respuesta, camine para pararse más cerca de la persona que hace la pregunta (o que pronuncia el discurso, según sea el caso). Ello demuestra que no le teme a la pregunta, ni siquiera a la hostilidad del interrogador.

Compensación Laboral

Odio la compensación de los trabajadores y todo lo que tenga que ver con eso. Si usted es parte de una operación de múltiples estados, la compensación de los trabajadores puede complicarse. También puede llevar mucho tiempo, ser frustrante y, sobre todo, aburrida. Sin embargo, es una de las áreas en las que Recursos Humanos puede ofrecer ahorros claramente identificables en el balance, por lo que debe dedicarse al tema cualquiera sea el tiempo que requiera.

*

La clave para gestionar los reclamos de compensación de trabajadores es gestionarlos. Nunca, nunca, deje que las reclamaciones abiertas permanezcan durante más de tres horas. Si se debe seguir un paso - consulte con un médico, la confirmación de un supervisor de que un puesto de trabajo modificado funcionará para él -, asegúrese de que lo está tomando. Este tipo de elementos de acción pueden caer en la categoría de "pequeñas cosas" en el curso de las actividades de su departamento y se les permite deslizarse, pero estas pequeñas cosas pueden sumar una gran cantidad de dinero.

*

Para nuestra continua molestia, una de las cosas que parece estar perpetuamente en la lista de "pequeñas cosas" de su compañía de seguros es el número de reclamaciones que reflejan como abiertas que deben cerrarse. No asuma que su compañía sabrá cuándo el reclamante ha regresado a trabajar sin restricciones, o que, si la compañía sabe, que realmente cerrará la reclamación tan pronto como pueda. Llámelos y dígales que cierren ese reclamo hoy. La mejor manera de "alentar" el servicio rápido de su administrador de reclamaciones es ser un dolor perpetuo en su parte posterior.

*

Hablando de compañías; la suya no le va a decir esto, ¡pero puede discutir las reservas! Las compañías lo escucharán, y si puede presentar un caso sólido para reducir una reserva para un reclamo en particular, lo harán. No siempre funciona, bueno, no suele funcionar, pero si tiene los datos de una reclamación con reservas de seis cifras, vale la pena intentarlo.

*

No deje más que las peticiones de rutina a la compañía. Si tiene una petición ante el sistema de compensación para trabajadores, nunca asuma que el abogado que su compañía le asigna tiene la menor idea sobre los hechos en su caso. No importa cuán grueso sea el archivo, reúnase con el abogado antes de que tenga que comparecer ante el juez y asegúrese de que comprende lo que está pasando. Si la audiencia va a involucrar el testimonio de un reclamante que no es digno de confianza, debe asistir. Siéntese en la mesa con el abogado y pásele una nota si el reclamante es menos que honesto en su testimonio (sorprendente, lo sé, pero sucede). También debe leer las declaraciones médicas y no tener miedo de comentarlas si el documento recuenta información del reclamante que usted sabe que está equivocada.

*

Por supuesto, necesitamos decir algunas palabras sobre esos amorales que se conocen como "falsos enfermos". Hay personas que están tan comprometidas y decididas a tomarse un descanso a expensas de su compañía que exageran cualquier síntoma, describen su lugar de trabajo a su médico como una cámara de horrores, y muestran una capacidad Orwelliana para reescribir la verdad simple. En el curso de la gestión de sus reclamos (y eso suele scr un curso largo y laborioso), su jefe puede preguntarle: "¿no cree que deberíamos resolver este reclamo y seguir adelante?" Es tentador sacar a este tipo de su vida para que pueda volver a esa cosa llamada El Resto de su Trabajo. Pero si tiene los datos de su lado y las cartas para jugar, su respuesta debe ser "no".

Esto va a sonar un poco oscuro, pero tiene que vencer a estas personas. Su departamento y su jefe no son, de ninguna manera, los únicos que saben que esta persona es un cerdo traidor. Todos los demás en el edificio también lo saben, y están observando para ver si esta persona puede salirse con la suya. Algunas personas miran sin más interés del que llevan a un partido de tenis. Es probable que la mayoría de los empleados estén del lado de su compañía, porque saben que esta persona es un ser despreciable y no les gustan las personas que hacen trampa. Pero hay muchos otros que están sopesando silenciosamente sus propias posibilidades de ganar un fabuloso premio en efectivo, cortesía de su plan de compensación para trabajadores, y si se arriesgan pueden depender del resultado de este duelo actual.

La mejor manera de persuadir a esas personas a ser honestos y mantenerse trabajando es ganar. Tiene mucho más sentido ir al muro cuando sabe que tiene una mano fuerte, incluso si el proceso es largo, que cortar sus pérdidas esta vez sólo para enfrentarse a otro rival cuando no sabe qué cartas estará jugando en la próxima oportunidad. Debe enviar el mensaje de que, si un empleado está buscando un tiempo libre, no lo obtendrá al simular una lesión.

Más que nada, estos reclamos se reducen a concursos de voluntades. O usted se da por vencido y se resigna, o ellos se dan por vencidos y vuelven al trabajo o renuncian. Estas afirmaciones requieren tenacidad, vigilancia y, sobre todo, paciencia (¡recuerde a Columbo!), pero son batallas por las que vale la pena luchar. Cuando se sienta frustrado por el gasto de tiempo y dinero, recuerde que las mentiras de su oponente le están costando mucho más estrés a él del que le están costando a usted. Después de todo, mientras tanto su posible solución está en duda, usted sabe que todavía se le está pagando. Y cuando usted o su personal asistan a las interminables audiencias sobre la Compensación Laboral - y deben hacerlo, porque su abogado necesita su opinión en cada paso del camino -, pueden sentirse cómodos porque las personas en su mesa son las únicas a las que se les paga por estar allí, y seguirán siendo los únicos a los que se les pagará a la vez que el reloj avanza.

Y a medida que el reloj avanza, es probable que los socios de ese abogado presionen a esta persona para que cierre este caso con más urgencia que su jefe. Este tipo de estrés tiende a afectar a estas personas a lo largo del tiempo, haciéndolos cada vez más tontos hasta que dicen o hacen algo que hace que el juez de compensación de los trabajadores y ese documento finalmente digan "basta".

Tanto en la Compensación Laboral, como en la guerra, no hay sustituto para la victoria. Pero en sus batallas, siga el ejemplo de Columbo - y siéntasc tranquilo sabiendo que está peleando la buena pelea.

*

Finalmente, cualquier mal rato - o disgusto - que pueda albergar para esa clase particular de malhechores, no permita que afecte su opinión de cualquier otro reclamante, o la opinión de otros gerentes de su compañía sobre los reclamantes. Recuérdese a usted mismo y a ellos que la gran mayoría de los empleados que se lesionan no quieren más que mejorar y volver al trabajo.

Un Pequeño Consejo de Carrera

Estos pocos pensamientos podrían aplicarse a casi cualquier persona, pero los incluyo porque vale la pena recordarlos incluso para un líder de Recursos Humanos.

*

Es posible tener demasiado éxito en las negociaciones salariales. Cuando logre que una empresa le pague a alguien más de lo que realmente quería pagar por un trabajo, mejor valga la pena, porque le garantizo que, durante el resto de su carrera, cada vez que el jefe lo mire, estará viendo ese salario dolorosamente grande justo en su frente - y sufrirá las consecuencias a la primera señal de no estar a la altura del número. Así que antes de que empiece a cargar con fuerza a su próximo empleador con dólares de más, asegúrese de que lo valga.

*

Las promociones nunca se ganan entre 8 y 5. Los logros que realmente lo hacen notar, que demuestran su capacidad de agregar valor a nivel estratégico, rara vez son los que completa durante su día normal. Mucha gente emite el mantra de "trabajo más inteligente, no más duro", pero, curiosamente, nunca he leído que Edison, Andrew Carnegie o Steve Jobs hayan atribuido su éxito a años de trabajo inteligente.

*

Nunca acepte un trabajo con un título que su próximo empleador no reconozca. Puede llegar el momento en que alguien le ofrezca un trabajo con un título chiflado como "Coordinador de Implementación de Proyecto ABC". Nunca tome ese trabajo y, si tiene que hacerlo, comience a buscar otro trabajo. Esos trabajos con títulos oscuros son los que las empresas ofrecen a las personas que están fallando en su trabajo actual, y en la próxima recesión, esos trabajos siempre son golpeados. Y una vez que esas personas tienen que comparar un currículum con su experiencia más reciente con un título peculiar y único, permanecen desempleados por mucho tiempo; los empleadores rara vez están dispuestos a invertir su tiempo para escuchar la explicación de 10 minutos sobre por qué la carrera de esta persona tomó un desvío incomprensible. Así que, en el árbol de opciones de carrera de su organización, manténgase cerca del tronco.

*

Es probable que tenga contratiempos y frustraciones en su carrera - no recibir promociones, aumentos inferiores de lo que esperaba, incluso puede que la empresa le dé un golpe brusco. Sólo hay dos formas de responder a esas situaciones - salir del camino o permanecer y tomar el camino alto.

Una vez trabajé con un tipo que había sido un líder de ventas bajo un jefe, luego otro jefe lo retiró de ese rol, siendo regresado más tarde nuevamente al cargo con un tercero. Podría haber dado un berrinche bastante feroz por ese tipo de tratamiento (y me confió de cómo le habría gustado hacerlo), pero simplemente se colocó en cada posición y dio lo mejor de sí. Su profesionalismo, y simplemente la gracia en esas circunstancias, siempre me impresionaron.

El único camino que vale la pena tomar es el camino alto.

Jugando al Abogado Junior en Audiencias de Compensación de Desempleo

La compensación por desempleo es casi tan aburrida como la compensación de los trabajadores, pero tiene una cosa a su favor: ser un abogado junior en las audiencias de apelaciones es realmente divertido. Hay un concurso en el que hay algo real en juego, y el éxito no es sólo una cuestión de qué tan bien puede presentar su caso en la audiencia (mientras dispara a la otra parte), sino también de qué tan bien ha hecho su trabajo hasta ese punto.

Cómo representar a su empresa en las audiencias de compensación de desempleo es uno de esos temas que no reciben mucha atención. Estoy convencido de que la razón principal es que los abogados de empleo, que escriben la mayor parte de nuestras orientaciones legales, no quieren que los imbéciles desilusionados como nosotros conozcan sus posibles ingresos. Pero no sólo los abogados no ayudan, sino que los estados ofrecen poca o ninguna guía a los reclamantes o empleadores sobre la mejor manera de participar en el sistema. Entonces, hasta que empiece a entender el proceso, cualquier éxito que tenga es algo en lo que se equivoca.

Independientemente del temor de los abogados a la pérdida de ingresos, representar a su empleador en las audiencias de compensación de desempleo debe ser algo que usted mismo haga. Al principio de mi carrera, cuando fui estúpido e intimidado por la palabra "audiencia", usé a un abogado para representar a la compañía en dos o tres ocasiones. Las perdí todas. Ahora, no se apresure a concluir que la razón se debe a que los evaluadores consideraron al gran empleador y su abogado de alto poder en un lado de la mesa, y al humilde ex empleado en el otro, y vieron una oportunidad para impartir algo de justicia social saludable: créanlo o no, nunca he perdido una audiencia en la que el empleado presentó una representación. Así que mi primer consejo para usted es que no use un abogado. No necesita el gasto, y la ayuda, bueno, no es tan útil.

Es cierto que el éxito en las audiencias de apelación puede ser, digamos, difícil de alcanzar; tanto que algunas personas de Recursos Humanos ni siquiera se molestan en asistir a sus propias audiencias. Eso es un error No las ganará todas. Probablemente no gane la mayoría de ellas. Pero es posible ganar las suficientes como para que valga la pena tomarse la mejor decisión posible ante cada posible reclamo que pueda ser clasificado como mala conducta intencional. Los reclamos de compensación de desempleo afectaron los balances de su organización no sólo en el pago de beneficios, sino también en el aumento de la prima, que puede permanecer con usted durante bastante tiempo.

El control de reclamos de compensación de desempleo le permite demostrar a su organización la contribución financiera de un buen proceso de disciplina progresiva y una documentación completa.

Lo que nos vuelve locos a todos por los recursos de la compensación de desempleo son los evaluadores. Ellos son, um, muy variados. He estado frente a evaluadores de compensación de desempleo que eran pequeños de mente y poco fiables, al igual que lo era mi maestro de segundo grado; aquellos que parecen estar gastando sus carreras eliminando su rabia por no aprobar el examen de barra a los empleadores; y aquellos cuya total incapacidad para seguir una línea simple de hecho y razonamiento espero que se deba a nuevos medicamentos. También me he encontrado con evaluadores que eran genuinamente imparciales y que siempre hicieron su mejor esfuerzo para aplicar el precedente y la ley. Me gustaría poder decir que describe la mayoría de ellos; pero tomamos lo que obtenemos.

He encontrado que los evaluadores más razonables de compensación de desempleo han sido aquellos en áreas más rurales en lugar de ciudades. Creo que una razón por la que he tenido más éxito al ganar apelaciones en esas áreas - bueno, en realidad, esas son las áreas donde he tenido todo mi éxito - es porque esos evaluadores pueden llegar a conocerlo un poco. Si asiste a sus audiencias bien preparado y presenta casos documentados y bien fundamentados basados en la ley, acuden para ver que usted es un empleador responsable e imparcial, así que comenzará las audiencias subsiguientes con el pie derecho.

Como todo lo demás en este libro, no tome esto como un consejo legal. Así que ahora que mi abogado está contento, estas son las claves para ganar las apelaciones de compensación de desempleo:

El primer requisito es conocer la ley. Creo que todos los estados permiten la denegación de los beneficios de desempleo si el empleado renuncia o es despedido por alguna definición de mala conducta intencional. Por lo tanto, su desafío es siempre demostrar que las acciones del empleado cumplen con la definición del estado de una de esas dos acciones. El corolario obvio, por cierto, es que el estado no negará la compensación por desempleo por despidos debido al desempeño. Es posible que los engorrosos trámites le hayan costado una fortuna en un trabajo de mala calidad, pero si es por eso que lo despidió, también le costará los beneficios de desempleo - así que no pierda su tiempo tratando de obtener la denegación de los beneficios de compensación de desempleo.

El siguiente requisito es conocer su caso. Hay evaluadores que no dejarán que las personas entren en la sala de audiencias a menos que tengan conocimiento de primera mano de los hechos, y tampoco permitirán que participen en los procedimientos. Como mencioné anteriormente, esta es la razón por la que el departamento de recursos humanos debería participar en las últimas etapas de la disciplina por problemas de conducta indebida deliberada, y al menos debería estar presente en la terminación. Conocer los hechos de primera mano y comprender el proceso de audiencia le permite representar a su organización con confianza y profesionalismo. Es importante en cualquier audiencia, pero doblemente si la otra parte trae representación.

Es más fácil planificar su presentación si el exempleado es quien presenta la apelación, ya que en esa situación está tratando de refutar un caso que ya ha presentado. En esas apelaciones, su tarea es derribar las razones del exempleado para la apelación. La mejor manera de hacerlo es justificar más las razones de sus acciones, mediante la documentación adicional que pueda tener y el testimonio de testigos presenciales. Si está presentando la apelación, piense su caso de manera clara y cuidadosa. Esté preparado para desarrollar lo que indique en el formulario de apelaciones como sus razones, y sólo esas razones - acumular afirmaciones adicionales en la audiencia lo hace ver descuidado.

El aviso de la audiencia de apelaciones enumerará los temas específicos que se tratarán en la audiencia. Manténgase enfocado en esos temas en la audiencia y no intente traer nada más a menos que sea realmente pertinente. Los evaluadores a menudo les dan a los ex empleados cierta libertad para presentar sus casos, debido a su inexperiencia con el proceso. Casi nunca extienden la misma consideración a los empleadores, así que apéguese a lo que el evaluador decide que son los problemas que están a la mano.

Identifique a los testigos que ayuden a presentar su caso y llévelos con usted, pero no usaría más de dos, o tres como máximo - no quiere que parezca que está yendo en grupo contra el pequeño e indefenso sinvergüenza. Revise su testimonio de antemano y ensaye cualquier pregunta que les vaya a formular.

Diríjase al evaluador como "su señoría" o como "Sr./Sra. Juez". Si no incluyó documentación, como notas o políticas relevantes del empleador, por lo general, puede solicitar que sean admitidos en el registro también. Una vez que todos han prestado juramento, usted hace una declaración de apertura. Mantenga la suyo centrado en los hechos, exponiendo lo que hizo el empleado, cómo respondió el empleador y las políticas relevantes del empleador en cuestión. Asegúrese de conocer las fechas clave: cuando todo comenzó, las fechas de las conversaciones clave con la administración y la fecha de despido.

Cuando el ex empleado ha hecho su declaración, usted puede interrogar el testimonio de éste. Desea explorar inconsistencias con su propio testimonio y explorar las contradicciones internas. Un poco de burla o sarcasmo oportuno puede ayudar a socavar la credibilidad de su oponente, pero tenga mucho cuidado con ello. En general quiere tratarlo con calma y profesionalmente. Por encima de todo, no interrogue demasiado, o se muestre agresivo. Usted sólo está aquí para ver que se haga justicia, no para extraer otra libra de carne del sinvergüenza.

No haga preguntas importantes, en las cuales usted proporciona toda la información y le permite a la persona responder sólo "sí" o "no".

Si el reclamante acude a un abogado, es una apuesta segura que intentará confundirlo y hacer que se le salga algo. Mantenga la calma y no se intimide. Si él grita "¡objeción!", no deje que le sacuda su confianza, incluso si es sostenida. Si intenta introducir pruebas de rumores, objete.

Cuando todos los testimonios e interrogatorios han finalizado, puede hacer un resumen. Los evaluadores prácticamente le dejarán decir lo que quiera. Puede usar este tiempo para explicar por qué su oponente es una serpiente de corazón negro, eso si quiere; pero si lo hace, estará perdiendo el tiempo. Aquí es cuando debería estar pasando al evaluador a través de su caso. Desea mostrarle cómo los hechos presentados demuestran que las acciones del empleado cumplen con la definición del estado de mala conducta intencional o renuncia, y por lo tanto justifican la denegación de los beneficios de la compensación de desempleo. Obtendrá puntos de bonificación si puede citar la sección correspondiente del código decompensación de desempleo del estado.

Si su audiencia de apelaciones no funciona, generalmente puede apelar la decisión ante la junta de apelaciones de la compensación de desempleo del estado. Sin embargo, en ese paso del proceso, no puede presentar nuevas pruebas ni volver a cuestionar su caso. Todo lo que puede hacer es mostrar dónde el árbitro cometió un error en algún aspecto del análisis de los hechos o la aplicación de la ley.

Ahora, este es el paso que realmente constituye un desperdicio completo de su tiempo. Nunca he prevalecido en estas apelaciones, y no conozco a nadie que lo haya hecho. De hecho, estoy convencido de que la "Junta Estatal de Apelaciones de Compensación por Desempleo" no es un grupo de expertos de la compensación de desempleo, sino la broma interna del estado que se refiere a algunos internos en un cubículo cuyo trabajo es generar cartas de denegación entre las fotocopias.

Un último consejo para discutir las apelaciones de la compensación de desempleo. De todos los despidos por los que posiblemente podría caer bajo la definición de conducta intencional del código de la compensación de desempleo, las más difíciles de ganar para un empleador son las de problemas de asistencia. Sin embargo, es factible. El truco consiste en demostrar que, después de la suspensión antes de la finalización (según lo estipulado en su política de disciplina progresiva imparcial y coherente), el empleado se comprometió a resolver este problema para siempre y luego no cumplió con su compromiso. Por lo tanto, la razón de despido no fue tanto la ausencia del exempleado, sino la falta de cumplimiento del compromiso. No siempre funciona, pero es la línea de argumento más exitosa que he encontrado.

Tecnologías de la Información

Hace algunos años, me interesé en crear bases de datos y, de hecho, construí mi propio HRIS. Esa experiencia me ha dado una apreciación de cómo los líderes de negocios, especialmente las personas de recursos humanos, deberían estar pensando y aplicando la tecnología de la información.

A pesar de todos los comentarios acerca de cómo la tecnología está transformando nuestras vidas y nuestros lugares de trabajo, es notable que una teoría de la tecnología de la información no reciba atención como disciplina administrativa. De hecho, que yo sepa, en realidad no existe.

Puedo sentir sus ojos vidriosos al leer la palabra "teoría", así que déjeme explicarle lo que quiero decir. Durante la última década, las personas de recursos humanos en las empresas de manufactura seguramente han estado expuestas a los principios de producción sin desperdicios (*lean manufacturing*). Ahora, como resultado de su propio entrenamiento en *lean*, apuesto a que podrían ingresar a casi cualquier operación de fabricación y desarrollar una estimación precisa de qué tan *lean* es el proceso. No necesariamente entienden cómo el negocio hace lo que hace, y no es necesario. Estarían buscando la aplicación de los principios 5S, observando la WIP entre procesos, la medida en que están aplicando la gestión visual, etc.

Ahora, pregunte a cualquiera de esos expertos en *lean*en RR.HH. qué tan *lean* son sus propios procesos, y la respuesta probablemente será una mirada en blanco, seguida de una respuesta a medias como: "bueno, ¿cómo debería saberlo? No soy un nerd en ese tema. Además, no soy un fabricante".

¡Respuesta incorrecta! Si definimos la fabricación como un proceso mediante el cual una materia prima se transforma en algo de valor para un usuario final, las personas de recursos humanos están ejecutando un proceso de fabricación. Su materia prima son datos y el producto final es información para la organización. Así que la*lean* tiene que aplicarse a ellos también.

Desafortunadamente, su comprensión de cómo se aplica la *lean* se detiene en el piso de fabricación. Y la excusa utilizada universalmente es que no conocen el funcionamiento interno de la tecnología. ¿Por qué esto estaría bien? Lo más probable es que la persona de Operaciones no entienda tampoco toda la tecnología con la que está trabajando: pero si le da esa excusa al Presidente sobre por qué no estaba implementando un proceso *lean*, ¿cuál sería la respuesta más probable? Pista: la primera parte es "usted está", y la segunda comienza con "d".

No estoy diciendo que los ejecutivos ahora deban convertirse en *geeks* que puedan escribir código y dominar las características más oscuras de la suite de MS Office (aunque ayudaría, como lo haría una inversión de 15 minutos en comprender la estructura de las bases de datos relacionales);

sino que deberían poder analizar sus propios procesos de información para un diseño deficiente y poder interactuar de manera productiva con la función de TI para crear un proceso realmente eficiente.

Este no es realmente el lugar para entrar en ese tema en detalle, pero permítame darle algunos principios clave que lo llevarán bastante lejos en la evaluación de sus propios procesos. Es probable que algo de esto suene bastante obvio en el papel - hasta que se dé cuenta de lo poco que realmente se aplica en su negocio.

Cualquiera que haya estado involucrado en un proceso de reducción de la organización sabe que la mayor pérdida de tiempo proviene de no tener todas las herramientas necesarias al comienzo del proceso. En los procesos de fabricación de Recursos Humanos, nuestra herramienta análoga es comúnmente datos. Ya sea en la contratación, el procesamiento de un cambio de estado o casi cualquier otro proceso de Recursos Humanos, la causa más común de demora es comenzar el proceso sin todos los datos necesarios para completarlo. Por lo tanto, un proceso bien diseñado ha anticipado todos los requisitos de datos y hace que sea imposible continuar a menos que estén presentes.

Aquí tiene un ejemplo: ¿alguna vez compró algo en línea y luego la compañía lo llamó una semana más tarde para decirle que con gusto procesará su pedido, pero se olvidaron de obtener su número de tarjeta de crédito? Si usted dijo que sí, esa compañía debería despedir a su departamento de TI; porque la tecnología hace posible evitar el procesamiento de un pedido que no tiene todos los datos requeridos. De hecho, el sistema generalmente ni siquiera guarda un registro parcial.

Aquí hay otro principio importante. Hay tres componentes clave de un sistema de TI: el formulario, la base de datos y el informe. El formulario recopila datos, la base de datos almacena y procesa los datos, y el informe presenta los datos. Estos componentes no son intercambiables. Recopilar datos con la misma herramienta utilizada para presentarlos es generalmente una mala idea, ya que sacrifica las ventajas de cualquiera de ellos. Una forma electrónica puede ser "inteligente", presentando al usuario una gama limitada de opciones que reducen la oportunidad de error. (Como acabamos de mencionar, también puede evitar que el usuario proceda sin capturar toda la información requerida). Requerir que presente los datos también casi inevitablemente sacrificará esta capacidad.

Un último principio; un proceso bien diseñado incorpora el conocimiento del experto en la materia, eliminando así la necesidad de la participación de esa persona. Piense, digamos, en una línea de ensamblaje de automóviles: involucra a docenas de personas que saben cómo hacer varios pasos en el proceso, pero pocos, si es que ninguno, realmente saben cómo construir un automóvil. No tienen que hacerlo; ese conocimiento está diseñado en el proceso que utilizan. De la misma manera, puede comprar software que pagará sus impuestos sin la participación de un experto en impuestos. El conocimiento de esa persona está incorporado en la herramienta. Entonces, sabe que tiene una herramienta bien diseñada cuando casi cualquier persona con un entrenamiento mínimo podría usarla.

Podría seguir, pero si evalúa sus procesos a la luz de estos conceptos, puede sorprenderse con lo que aprende y con lo que puede mejorar.

*

Lo más difícil de implementar cualquier sistema de TI es que, sin importar cuán bien diseñado esté el proceso de implementación, usted está tomando las decisiones más fundamentales cuando entiende menos acerca de la aplicación. Es muy posible que después de aproximadamente seis meses de uso de su nuevo sistema, se dé cuenta de todas las decisiones tontas que haya tomado con respecto a su configuración y se diga a sí mismo: "Hombre, me gustaría destrozar esto y comenzar de nuevo". Su personal me odiará por decir esto (el mío lo hizo), pero si ha llegado a esa conclusión, debería poner en marcha algunas noches extra y hacerlo. Los problemas sólo lo molestarán cada vez que usted o su personal utilicen el sistema, y no encontrará soluciones adecuadas para ellos. Por lo tanto, si está comprando una solución estándar y diseñando un cronograma de implementación, acumule tiempo para la "reimplementación".

Un aspecto de la definición de datos HRIS que a menudo recibe poca consideración en la implementación y, por lo tanto, resulta en datos basura más adelante, son los *códigos de razón*. Con el fin de impulsar el sistema, los valores a menudo se generan sin distinciones claras y sin una visión clara de lo que podría ser su aplicación posterior. El resultado es una mezcla interminable de códigos cuyos significados se superponen tanto o son tan inescrutables, que los usuarios no les asignan más pensamiento del que se usó para crearlos, todo lo cual da como resultado datos que no valen ni el tiempo para crearlos ni el espacio en disco para almacenarlo.

Entonces, si, por ejemplo, va a completar los valores para el motivo de despido, piense detenidamente en ellos. ¿Cuál es la diferencia entre "Se fue por más dinero" e "Insatisfecho con el pago actual"? Y si va a usar algo como "Mejor oportunidad" (no es que lo recomiendo porque no dice mucho), documente qué quiere decir con eso para que un usuario posterior sepa cuándo asignarlo.

Mi experiencia Con el Abuso de Sustancias en el Lugar de Trabajo (Espere, Eso no Sonó Bien...)

Yo no uso drogas.No creo que nadie deba. Ruego a Dios que mis hijos nunca lo hagan. Pero habiendo tratado con una cantidad considerable de personas que abusan de sustancias en el lugar de trabajo, he llegado a la conclusión de que la mayor parte del enfoque de este país en este tema es una farsa absoluta.

Si su organización insiste en hacer un examen de drogas posterior a la oferta, al menos tenga claro lo que obtendrá para ellos. El único valor que tiene la prueba de detección de drogas después de la oferta es como prueba de inteligencia: mantiene a las personas lo suficientemente estúpidas como para enviar muestras que se encuentran a temperatura ambiente (¡lo que le impidió contratar a un tipo muerto!), o esa efervescencia, o aquellos que piensan usted comprará su historia acerca de haberse atiborrado con muffins de semillas de amapola la noche anterior. Espero que no se haga la ilusión de que en realidad mantiene a los consumidores de drogas fuera de su empresa. Si cree eso, entonces se está diciendo a sí mismo que las personas que no pasan sus exámenes de drogas aleatorios y posteriores al accidente sólo comenzaron a usar drogas después de unirse a su compañía. La verdad es que hay muchos consumidores de drogas a quienes le gustaría mantener fuera de su lugar de trabajo, pero que también tienen el cerebro de hacer muchos trabajos para los que le gustaría contratarlos. Son lo suficientemente inteligentes como para estudiar para la prueba de orina, y saben cómo pasarla. Y no estoy convencido de que, como representante de un empleador, me importe.

He trabajado con muchas personas que usan drogas. En la mayoría de los casos, lo he sabido porque sabía algo de lo que estas personas hacían los fines de semana y con quién lo hacían. No lo sabía necesariamente por su trabajo, que en la mayoría de los casos no era peor que sus compañeros de trabajo más sobrios; de hecho, para muchos de ellos, a menudo era significativamente mejor. Y donde un empleado puede cumplir con las expectativas de la compañía en cuanto a asistencia, desempeño y conducta, no sé por qué el uso de drogas debe descalificar categóricamente a una persona del empleo.

Una vez discutí este punto en un seminario de derecho laboral con un abogado que estaba discutiendo la importancia de las pruebas de drogas. Una vez que habíamos expresado nuestros puntos respectivos, continuó discutiendo temas relacionados con la selección aleatoria y le dijo al grupo: "Pero si va a hacer una evaluación aleatoria, tenga cuidado; puede obtener positivos de empleados que no quiere atrapar". Levanté mi mano de nuevo y le dije: "¿No ve que acaba de darme la razón?"

Es posible que le preocupe que no sea serio en cuanto al abuso de sustancias en el lugar de trabajo. La realidad, sin embargo, es que nadie es realmente serio al respecto. Cualquiera que pase algunos años al frente de Recursos Humanos sabe a ciencia cierta que ninguna droga causa estragos en el lugar de trabajo más que el alcohol. Los adictos perderán el trabajo durante los fines de semana y los días festivos, y nunca manejarán el lugar, pero en general lo mantienen lo suficientemente bien como para hacer el trabajo, y algunos lo hacen bastante bien.

Por otro lado, los que consumen bebidas alcohólicas con moderación pueden pasar los años con uno que otro mareo una vez a la semana, pero suele quitárseles a media mañana - hasta que una crisis personal los mantiene junto al vaso por más tiempo y con más frecuencia, enviándolos a un abismo del que no pueden salir. Y a diferencia de la mayoría de las drogas, el alcohol tiende a extenderse mucho más lejos en el organigrama.

Por estas razones, tiendo a poner los ojos en blanco cuando escucho a la gente golpear la mesa sobre la necesidad de que los empleadores combatan el flagelo del abuso de drogas en el lugar de trabajo. Todos sabemos perfectamente bien por qué el consumidor de drogas está estigmatizado de una manera que el bebedor no lo es; porque el alcohol es la droga de elección para gerentes y ejecutivos. Pero, qué tiene un mayor impacto en un negocio: ¿el mecánico drogadicto que rompe un torno de $

15,000, o el vicepresidente de ventas alcohólico cuya pérdida de una cuenta de un millón de dólares provoca un despido?

Ahora, antes de que me malentienda por ser de alguna manera "de mentalidad amplia", le voy a ofrecer algunos consejos que sonarán bastante fríos. Una vez, un supervisor de planta y un gerente de producción vinieron a mi oficina para decirme que un empleado bastante nuevo que ya estaba desarrollando un problema de asistencia acababa de admitir que era un consumidor de heroína (¡él había pasado su examen de drogas después de la oferta!) y quería ayuda.

"¿Qué debemos hacer?" Preguntaron. "Lo remitiremos a la EAP",

Yo respondí: "entonces lo reemplazaremos".

"No, no entiendes", dijeron. "Él quiere salir de rehabilitación y volver".

"Estoy muy contento de escuchar eso", dije. "Pero tendremos que reemplazarlo".

Una semana después de que regresó de la rehabilitación, el chico volvió a consumir. Luego pasó por otro programa de 28 días. Menos de dos semanas después de ser liberado de eso, se suicidó.

Sólo hay un gasto para controlar el abuso de sustancias que es una mayor pérdida de dinero que las evaluaciones de drogas posteriores a la oferta, y eso es la rehabilitación para los usuarios de drogas duras como la heroína. La tasa de reincidencia es tan lamentablemente alta para ellos que simplemente no vale la pena la inversión. Una de las crueles ironías de la ADA es que los requisitos para los empleadores que tienen empleados que solicitan ayuda son tan inútiles en estos casos que es mejor que sólo resuelvan sus problemas de la manera más ética posible. En otras palabras, si sospecha que un empleado con un problema de asistencia o de rendimiento en desarrollo también está consumiendo, sáquelo por la puerta antes de que tenga la oportunidad de admitir que tiene un problema de drogas y exigirle que lo ayude.

Cambio de Cultura

Tomar una iniciativa para cambiar la cultura de una empresa no sólo es una de las cosas más difíciles que hará en su carrera, sino que también es una de las más riesgosas. Cuando falla, no sólo es decepcionante, sino que también suele ser espectacular y humillante; pero cuando tiene éxito, es uno de los logros profesionales más satisfactorios que jamás disfrutará. He sido parte de ambos, y aquí están lo que he aprendido son las claves para hacer un cambio real y mantenerlo.

A menudo lee que el requisito previo para cambiar es el soporte de la alta gerencia. Eso está mal. Necesita liderazgo de alta dirección. En demasiadas organizaciones, el jefe presenta a un experto en la materia y le dice a todos que esta persona tiene la autoridad para liderar una iniciativa de cambio. Es algo así como en el libro bíblico de Génesis, cuando el faraón de Egipto le da a José la autoridad para reunir suficiente grano del imperio en los años buenos para evitar el hambre en los años de hambre por venir.

Como en muchas organizaciones de hoy, el Faraón nombró a su líder de cambio y les dijo a todos que este tipo tenía el apoyo de la alta gerencia.

Ahora, tal vez ese modelo funcione cuando tiene el máximo poder de la vida y la muerte sobre todos en un estado policial, pero si usted está tratando de cambiar el comportamiento en una empresa moderna, simplemente no es suficiente. La gerencia sólo puede delegar tanta responsabilidad para crear un cambio de comportamiento. Al final del día, la única manera en que las personas realmente se incorporarán es cuando vean a las personas en la parte superior que tienen un interés personal y apasionado por lo que tiene que cambiar. Claro, la gerencia puede nombrar a un líder de cambio que también sea el experto en la materia, pero la gerencia tiene que reservar actividades clave en la iniciativa por sí misma.

En una empresa para la que trabajé, tratábamos de crear una cultura de seguridad donde prácticamente no existía. Trajimos a un tipo de seguridad muy sólido que impulsó la mayoría de las iniciativas. Pero todos los meses, el líder empresarial, el responsable de operaciones, el responsable de seguridad y yo realizábamos auditorías de seguridad en el área de fabricación. La gente nos vio preguntando a sus compañeros de trabajo acerca de las etiquetas de los contenedores, los cables de extensión desgastados que aún estaban en uso, los derrames... En resumen, recibieron el mensaje. De hecho, los supervisores nos dijeron que, de todas las medidas que tomamos en ese esfuerzo, pocos contribuyeron más a nuestro éxito eventual que ese esfuerzo regular, sincero y visible del liderazgo superior.

Eso no significa que la alta gerencia deba asumir toda la responsabilidad del liderazgo del cambio en sí. De hecho, uno de los otros errores que cometen muchas organizaciones es cuando el liderazgo de alto nivel no involucra a los gerentes y supervisores en el esfuerzo. Tiene que explicarles lo que está tratando de hacer, pedirles ayuda y mostrarles cómo pueden ayudarlo. Luego deles tanto ánimo y aprecio por hacer que esto suceda tanto como todos los demás.

*

Hable sobre las razones del cambio que resonarán en las personas. Iniciamos la iniciativa de seguridad con el objetivo administrativo de reducir las lesiones registradas en un 20% en el primer año. Nunca compartimos ese objetivo con la gente. ¿Qué? Exclama usted con las cejas levantadas. ¿Cómo puede ganarse la confianza de la gente si no comparte los objetivos de la administración con ellos? Bueno, piénselo; si alcanzáramos esa meta, ¿cómo podríamos esperar que aquellos que se habrían lastimado durante ese año quisieran celebrar? En cambio, compartimos con la gente el objetivo que podían alcanzar: enviar a todos a casa todos los días en las mismas condiciones en que se encontraban cuando llegaron al trabajo. Ese es un objetivo que se enfoca no en los números, sino en las personas. Es algo en lo que la gente puede querer trabajar.

*

Elija un hito para celebrar, pero no le diga a nadie hasta que lo haya alcanzado. Cuando empezamos la iniciativa de seguridad, el negocio no había pasado más de dos meses sin una lesión registrable durante más de tres años (ahora sabe por qué necesitamos cambiar la cultura de la seguridad). Así que decidimos que pasar esa marca sería el primer objetivo a corto plazo. El día que el negocio alcanzó dicha meta, sorprendimos a todos con una celebración de pizza y les dijimos lo orgullosos que deberían estar de sí mismos, cómo se han demostrado lo que pueden hacer cuando deciden hacer algo. Ese fue otro evento clave que los supervisores más tarde nos dijeron que realmente ayudó al negocio amejorar. El hecho de que la apreciación no fuera esperada le dio mayor impacto.

*

Las zanahorias como las celebraciones son indispensables para crear un cambio de cultura, pero de vez en cuando también lo son los palos. Por supuesto, disciplinar o incluso despedir a las personas por infringir las reglas asociadas con el cambio podría enviar un mensaje poco saludable de "apégate al programa o si no...", el cual reprime la disidencia o la discusión. Pero, ¿la gente necesita participar en el programa o no?

*

Tendrá un retroceso, tendrá brotes ocasionales de frustración y cinismo. No se deje intimidar, y no siempre lo tome a su valor nominal. Muchas de estas situaciones son sólo la forma en que algunas personas encuentran los nuevos límites de lo que es y lo que ahora no es aceptable. En otros casos, esta es la forma en que algunas personas prueban su compromiso con el cambio. Tienen curiosidad por saber qué pasa si presionan, si usted se hundirá o si presionará de vuelta. No tiene que hacer esto último – Sin embargo, aplique algo de presión. Siga presionando; eventualmente convencerá a la gente de que usted realmente está comprometido con el cambio que está buscando, terminarán incorporándose.

La Trampa de la Compasión

La mayoría de nosotros en Recursos Humanos somos buenas personas, y queremos hacer nuestro trabajo como tal. No quiero decir que queremos ser gerentes fáciles de convencer; quiero decir que aspiramos a ser compasivos.

Cuando empecé en Recursos Humanos, también quería ser compasivo. Quería ayudar a asegurar que cualquier compañía para la que trabajé se preocupara por las personas. Pero honestamente puedo decir que no hay ningún aspecto de la gestión de recursos humanos con el que haya luchado más que resolver lo que realmente significa ser un líder "compasivo".

Hace varios años, una empresa para la que había trabajado estaba a punto de pasar por su primera gran reducción de personal. Fue una experiencia traumática para aquellos de nosotros en la gerencia que tuvimos que averiguar quién se quedaba y quién se iba. Después de varias semanas desgarradoras presentamos la lista al Presidente de la compañía para su aprobación. Vio a una persona en esa lista cuya historia de dificultades personales conocía y por quien sentía una verdadera simpatía. Nos dijo que elimináramos el nombre de esa persona de la lista. Este era un líder empresarial decente y cariñoso, y sé que al tomar su decisión estaba siguiendo los dictados de su conciencia. Pero no conocía las historias de dificultades de muchas de las otras personas en esa lista - incluida la persona que ocupó el lugar del hombre al que el Presidente salvó. Eso fue algo compasivo; pero nunca creí que fuera lo correcto.

Algunos años más tarde, en una empresa diferente para la que había trabajado, un empleado que trabajaba en el extranjero se emborrachó y destruyó un vehículo de la empresa. Fue un episodio embarazoso y costoso para la empresa frente al cliente. Pero al discutir la situación con las personas jurídicas corporativas, argumenté que el hombre no debería ser despedido. Este fue un empleado de mucho tiempo con habilidades valiosas que habían tenido un excelente historial con la compañía. Estaba pasando por un doloroso divorcio y, como resultado, había oído que había estado bebiendo mucho más. El tipo necesitaba un acuerdo de última oportunidad y asesoramiento de abuso de sustancias obligatorio, pero el despido habría sido una decisión equivocada. Todos estuvieron de acuerdo, y el hombre mantuvo su trabajo. Él estaba muy agradecido, pero nunca me atreví a decir que eso fue algo tan compasivo; era sólo lo que debía hacer.

Un líder compasivo irá a los funerales o velatorios para los empleados o sus seres queridos. Él enviará tarjetas mientras los empleados estén en el hospital, o tal vez pase a visitarlos. Si tiene experiencia de primera mano con un problema personal grave -como, por ejemplo, abuso de sustancias - tal vez compartirá juiciosamente cuando se entere de un empleado que podría beneficiarse de ello. Si ese empleado ha aceptado el consejo, un líder compasivo hará un seguimiento para asegurarse de que todo haya salido bien.

Lo que no hará un líder compasivo es usar la preocupación por los demás para disculpar sus infracciones, o tratarlos de manera diferente a los demás empleados, de cuyos problemas personales el líder ignora. Ella no usará su sensibilidad moral innata y afinada como excusa para rehuir las decisiones difíciles. Hacer lo contrario no sería compasión; ese es un tipo de autoengrandecimiento moral que crea inconsistencias imposibles de trabajar. Si estáhaciendo esas cosas porque cree que le están convirtiendo en un líder compasivo, deje de engañarte a usted mismo. Lo que usted llama compasión es debilidad, y sólo socavará su credibilidad y eficacia como líder a largo plazo.

Si quiere hacer su trabajo con compasión, hágalo con profesionalismo. Cuando investigue posibles irregularidades, obtenga todos los datos antes de llegar a una conclusión. Al recomendar una acción disciplinaria, sopese todos los factores apropiados, como el precedente, la política y el registro anterior del empleado. No levante la voz a la gente. Alabe a la gente. Agradézcales. Tómese el tiempo para pensar detenidamente cuando complete y entregue las evaluaciones de desempeño de las personas, para que pueda ayudarles a que tengan el mayor éxito posible.

Cuando vea que un gerente trata a los subordinados de manera injusta, llámele la atención y asegúrese de que se detenga. Si eso no se parece tanto a la superioridad moral sino a hacer su trabajo con prácticas sólidas de liderazgo profesional, estaría de acuerdo en dicha aserción.

Una Herejía Final

Espero que la mayor parte de lo que ha estado leyendo hasta este momento hayan sido ideas con las que pueda estar de acuerdo fácilmente, que pueda aplicar bastante pronto o que planee comenzar a usar. Sin embargo, es probable que la próxima sección le haga retorcerse un poco. De hecho, si mis declaraciones anteriores sobre aumentos salariales no causaron que arrojara este libro contra la pared, esta parte podría (sólo recuerde lo que dije sobre su Kindle).

Si este no es un tema en el que haya pensado antes, pueden pasar años antes de que esté de acuerdo conmigo, si es que alguna vez llega a estarlo. Eso está bien. Permítanme decir que, como todo lo demás en este libro, esta parte contiene una lección a partir de la experiencia. Esta lección, sin embargo, es el resultado de la colisión del mundo real con una cierta ortodoxia fundamental y de larga data del moderno lugar de trabajo estadounidense, y puede que lo considere una total herejía.

Escuché esto de una persona muy inteligente muy temprano en mi carrera. Me tomó décadas para ver porqué tenía razón. Espero que usted no sea tan lento como yo.

Es probable que el Presidente de su organización no conozca el impacto dispar de una orden legal, o las definiciones de exención de salario y horas de un contrato implícito, pero en un aspecto de la legislación laboral es probable que sea un experto autoproclamado. Cuando le dice que alguien que ya de por sí no le agradaba, le acaba de dar una razón para despedirlo y usted le advierte que no lo haga, es probable que él sacuda la cabeza y grite: "De ninguna manera, puedo hacer lo que yo quiera. - *¡Él es un empleado a voluntad!*"

Ahora bien, puede ser que este sea el mismo jefe que, en la sesión de planificación estratégica del mes pasado, acaba de dar un discurso apasionado al equipo de liderazgo sénior sobre cómo quería que su empresa fuera un empleador de elección (una frase que usted no volverá a utilizar, ¿verdad?), en la que todos los que se han ganado su asiento en el autobús pueden obtener el apoyo que necesitan para llegar a donde quieran, así como ser reconocidos y bien recompensados por sus esfuerzos. Y todos asintieron solemnemente de acuerdo. Sí - ¡esto es lo que queremos ser! Queremos que la gente ame a esta compañía, y sinceramente queremos hacer lo correcto por la gente, y escuchar el sol y la música de cuerdas y el canto de los pájaros...

Empleo a voluntad, ese precepto sagrado que es la base de la relación laboral estadounidense, la prerrogativa sagrada por la cual podemos despedir a una persona en cualquier momento por cualquier motivo o sin motivo alguno, y sí, por el cual los empleados pueden renunciar en cualquier momento sin ninguna razón (los traidores). ¿Por qué los líderes de negocios que desean sinceramente hacer lo mejor para sus empleados también luchan tan desesperadamente para preservar su derecho dado por Dios de ser idiotas caprichosos?

He trabajado para líderes empresariales decentes que pierden el sueño al tratar de averiguar cómo hacer lo correcto por sus empleados. Pero estos mismos líderes decentes e iluminados se aferrarán a su preciada doctrina del empleo a voluntad contra sus pechos como el Rey Midas con un anillo de oro. Pero, ¿su precioso y pequeño tesoro realmente refleja las aspiraciones que afirman defender?

Anteriormente dije que los empleados parecen ver a la gerencia como una máscara de bondad, y que sólo esperan el día oportuno para quitarle la máscara y que usted se muestre como el malvado tiranoque siempre esperaron que fuera. Todos queremos burlarnos de su miedo y decir: "¡Vamos, no es para tanto!". Pero,¿es de extrañar que no confíen en la administración cuando, en cada esquina, hemos garabateado nuestros recordatorios sobre nuestro derecho a despedir sus tristes y pequeños traseros porque es un día nublado? Y, lo que es más importante - ¿ellos tienen derecho a hacerlo? ¿Es eso realmente, en el fondo, cómo preferiríamos hacer las cosas de todos modos?

Me gustaría pensar que no – que*nosotros* no pensamos así. Pero si eso es cierto, ¿por qué lo mejor para la organización es recordarles a las personas que podemos hacerlo? Si realmente creemos en tratar a las personas con respeto, en la gestión ética, en responsabilizar a las personas por su desempeño mientras les damos todas las oportunidades razonables para tener éxito, entonces deberíamos estar a la altura de esos principios sin necesidad de recurrir a decir, por ejemplo, "A la basura todo esto -¡está despedido!". Deberíamos haber comunicado claramente las expectativas, a los gerentes y supervisores capacitados en prácticas sólidas de disciplina y gestión del desempeño, y deberíamos seguir esa capacitación y esas prácticas todos los días.

¿Por qué hacen esto? Creo que sé por qué. Dije anteriormente que los empleados no confían en que la administración no esté usando una máscara. Creo que los líderes empresariales no confían en sus organizaciones. Realmente no entienden qué exposiciones tienen bajo la ley de empleo, y no quieren "accidentalmente" demandarse a sí mismos. Así que se aferran al empleo a voluntad porque sirve como su válvula de seguridad.

Dado el costo de litigar asuntos de empleo, eso no es una preocupación banal. Pero recuerde lo que dije anteriormente sobre la redacción de políticas de empleo - que no debe escribirlas para las situaciones extravagantes. No hay mejor ejemplo de esa falla que los extremos a la que los empleadores acuden para proteger sus derechos de empleo a voluntad.

Pero enfrentémoslo; cuando cada decisión de terminación requiere al menos algún tipo de revisión, y muchas requieren horas de discusión por parte de la alta gerencia y, en algunos casos, asesoramiento legal, ¿qué queda realmente de este derecho? El hecho es que la legislación laboral contemporánea ha creado tantas excepciones a la doctrina del empleo a voluntad que hoy, en la práctica, no significa casi nada.

Si nuestros jefes pudieran confiar en estos procesos en sus organizaciones, podríamos usar esto como nuestra política: "Podemos despedir a las personas en cualquier momento. Pero no rescindimos a nadie en esta organización sin una razón relacionada con el negocio ".

Sí, esa afirmación hará más difíciles algunos despidos. Pero, a fin de cuentas, ¿vale la pena socavar sus mejores aspiraciones como empleador con el interés de poder arrancar un puñado de errores? ¿No sería ese tipo de compromiso una característica de los mejores empleadores? ¿No preferiría trabajar para esa empresa?

Los líderes de recursos humanos tienen el poder de hacer eso una realidad. Sea serio sobre cómo su compañía administra el desempeño, cómo formula y comunica las expectativas, cómo evalúa el desempeño y cómo responde a los problemas de desempeño. Y tal vez algún día, cuando pueda hacer que el jefe confíe en que la organización es coherente y eficaz en la gestión del rendimiento, puede convencerlo de que puede dejar de colgar ese empleo a voluntad de todos.

No he llegado todavía, pero estoy trabajando en ello. Realmente lo estoy. Confío en que vamos a llegar allí, y el día que lo haga lo consideraré entre los mejores de mi carrera.

www.ingramcontent.com/pod-product-compliance
Lightning Source LLC
Chambersburg PA
CBHW031052180526
45163CB00002BA/802